정조처럼 소통하라

편지로 상대의 마음을 얻은 옛사람들의 소통 비결

정조처럼 소통하라

초판 1쇄 발행 2018년 8월 2일
초판 3쇄 발행 2019년 9월 27일

펴낸곳   도서출판 사우
출판등록   제2014-000017호
주소   서울시 양천구 목동동로50, 1223-508

지은이   정창권
펴낸이   문채원
편집   오효순
디자인   woojin(宇珍)
마케팅   이은미
전화   02-2642-6420
팩스   0504-156-6085
이메일   sawoopub@gmail.com

이 도서의 국립중앙도서관 출판예정도서목록(CIP)은 서지정보유통지원시스템 홈페이지(http://seoji.nl.go.kr)와
국가자료공동목록시스템(http://www.nl.go.kr/kolisnet)에서 이용하실 수 있습니다. (CIP 제어번호: 2018017828)

정창권 지음

편지로 상대의 마음을 얻은 옛사람들의 소통 비결

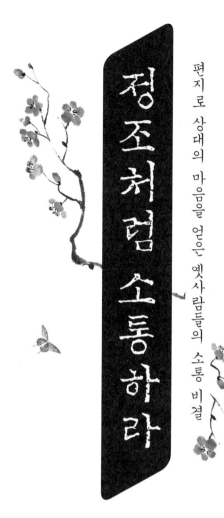

정조처럼 소통하라

사우

소통에 어려움을 겪고 있는 이들에게

요즘 내겐 아주 야심찬(?) 꿈이 있다. 바로 새들과 소통하는 것이다. 매일 아침 운동하러 나갈 때마다 나는 입으로 '쯥쯥' 소리내 뭇 새들과 대화를 시도한다. 그러면 순진한 참새들은 쩍쩍거리며 내 주위로 다가와 요리조리 쳐다보고, 텃세가 심한 찌르레기는 '찍~! 찍~!' 하고 더욱 시끄럽게 소리를 질러댄다. 먹을 걸 주지 않으면 한없이 무심한 비둘기는 '그냥 가세요, 아저씨!'라고 외면하는 듯하다. 그럼에도 나는 언젠가는 꼭 저들과 소통하고 말리라고 굳게 다짐하며 더욱 정교하게 입술을 모아 '쯥쯥' 소리를 낸다.

물론 나는 집에서 가족과도 소통을 잘하고 싶어한다. 하지만 왠지 모르게 날이 갈수록 가족과 소통하기 힘들다는 걸 느낀다. 아내와도 일상적 대화는 원활히 주고받지만 가슴속 깊은 얘기는 꺼내기가 어렵다. 서로의 성격이나 가치관을 잘 알고 있어서 조금이라도 상대방의 신경을

4

건드릴 만한 얘기는 애초부터 피해버리기 때문이다. 게다가 요새는 문자나 SNS로도 의사를 전달할 수 있어서 직접 대화할 기회가 더욱 줄어들고 있다.

딸과 소통하기는 더욱 어려운 형편이다. 둘 다 직장을 다니고 서로의 생활 패턴이 달라서 얼굴을 마주 보고 대화할 기회조차 없는 것이다. 주로 문자나 SNS를 통해 서로에게 필요하거나 궁금한 것들만 간단히 얘기를 나누고 있을 뿐이다. 그래서인지 막상 단 둘이 앉아 있으면 뭔가 어색하게 느껴지고, 좀 더 진지한 얘기를 나누려고 하면 말끝마다 부딪치기 일쑤다.

이렇게 우리는 시간이 흐를수록 서로 마주앉아 얘기를 나누는 직접적인 소통보다, 이메일이나 문자, SNS 등으로 의사를 주고받는 간접적인 소통을 주로 하고 있다. 특히 젊은층은 빠르고 편리하며 여러 사람들과 동시에 소통할 수 있는 SNS를 선호한다. 하지만 그럴수록 우리는 소통의 부재와 비인간화를 더욱 경험할 뿐이다. 몇 마디의 짧은 단어를 빠른 속도로 주고받는 현대인의 소통 방식은 대단히 즉각적이고 단편적이기 때문이다. 또 불특정 다수와 소통할 때는 욕설과 폭언, 저주가 난무한다. 무엇보다 현대인의 소통 방식은 내가 어떤 상황에 처해 있다는 것을 상대방에게 알려주는, 즉 대단히 자기중심적이라는 점이다.

그럼 옛사람들은 과연 어떻게 소통했을까? 옛사람들의 소통 수단이라곤 손으로 직접 써서 보내는 편지밖에 없었다. 하지만 그들은 기본적으로 상대방의 입장에서, 상대방이 궁금해할 만한 이야기를 아주 자세하고 구체적으로 들려주고자 했다. 현대와 달리 그들은 대단히 상대중심적인 소통을 했던 것이다.

옛사람들의 소통 의식은 편지 쓰는 법만 봐도 쉽게 알 수 있다. 당시는 종이가 매우 귀한 시절이었다. 그래서 편지를 쓸 때 오른쪽에서 왼쪽으로 사연을 써나가다가, 할 말이 남아 있을 때는 본문의 상단에 이어서 썼고, 다시 행과 행 사이의 틈새에 쓰거나, 뒷면에 이어서 쓰기도 했다. 그들은 한 글자 한 글자 정성을 다해 상대방이 궁금해할 만한 사연들을 써나갔다.

그래서인지 옛사람들의 편지에는 인간적 면모가 잘 나타나 있다. 특히 우리는 언간(諺簡)인 한글 편지를 주목할 필요가 있다. 당시 한문이 양반사대부 남성들의 전유물이었다면, 한글은 신분이나 성별에 관계없이 모든 사람들의 공유물이었다. 그래서 남성도 부인이나 딸, 누이 등 여성에게는 반드시 한글 편지를 쓰곤 했다. 한글 편지는 주로 가족들 사이에 주고받은 것이었기에 당시의 생활상과 더불어 개개인의 솔직한 감정이 잘 드러나 있다. 또 구어체로 평상시 대화하는 것처럼 썼기 때문에 옛사람들의 소통법을 살펴보기에 아주 유리하다.

이렇게 한문 편지뿐 아니라 한글 편지는 대단히 중요한 문화유산임에도 불구하고 지금까지 우리는 그것들에 무관심하며 거의 활용하지 못했다. 그저 인물들의 편지를 번역하고 간단히 해설을 붙여 세상에 내놓는 정도에 머물러 있었다. 하지만 조금만 생각을 달리해보면 편지는 다양한 활용이 가능하다. 특히 편지는 당시 대표적인 소통 수단이었으므로 옛사람들의 소통법을 이해하는 데 중요한 자료가 될 수 있다.

옛사람들도 매우 다양한 소통 방식을 구사하고 있었다. 왕과 왕비, 장수, 유학자, 양반, 실학자 등 신분과 직업에 따라, 그리고 부자간, 부부간, 군신 간, 주노 간 등 관계에 따라 소통 양상이 달랐다. 그러므로 우리는 정조, 나신걸, 강정일당, 이순신, 이황, 박지원, 명성황후, 정약용, 선조, 인선왕후, 신천강씨, 곽주 등 총 12명의 한문 편지 혹은 한글 편지를 통해 조선시대의 소통과 불통 사례를 자세히 살펴볼 것이다. 그리하여 진정한 소통이란 무엇이고, 우리는 평소 어떤 자세와 방식으로 소통해야 하는지 함께 생각해보고자 한다.

그들 중에는 우리가 잘 아는 역사적인 인물들도 있다. 하지만 편지 속에서는 그들의 뛰어난 업적이 아닌 평범한 가정의 아버지이자 어머니, 남편이자 아내로서의 모습을 볼 수 있을 것이다. 더 나아가 무미건조한 설명이나 논증형 글쓰기가 아닌, 그들의 캐릭터와 스토리를 잘 살린 일종의 '스토리텔링형 글쓰기'로 최대한 흥미진진하게 살펴보고자 한다.

지금까지 나 자신도 상대방의 말을 경청하며 부드럽고 유머 넘치는 소통을 하기보다는, 그저 내 주장만 앞세우며 한없이 목소리를 높이기에 급급했던 듯하다. 이 책을 쓰면서 나의 미숙한 소통 능력을 반성하게 되었다.

비록 부족하지만 이 책이 현대인의 소통 능력을 키우는 데 조금이나마 보탬이 되었으면 싶다. 특히 가족들 사이에서 소통의 어려움을 겪고 있는 남성들에게 이 책을 적극 권해주고 싶다.

2018년 여름에
태정(泰井) 정창권

목차

01

편지정치의 달인, 정조

조선시대 국왕은 전제군주로서 신하나 백성들과 소통하지 않고 일방적 통치를 했을 것이라는 인식이 있다. 그렇지 않다. 조선시대 왕들도 다양한 방법으로 신하와 백성들과 소통하며 국정을 원활히 운영하고자 했다. 신하들과는 어찰(御札), 책문(策文), 구언(求言) 등으로, 백성들과는 순문(詢問)과 상언(上言), 격쟁(擊錚), 신문고(申聞鼓) 등으로 소통했던 것이다.

먼저 어찰은 왕의 편지를 말한다. 조선시대 왕들은 신하에게 편지를 보내 정사를 의논하곤 했다. 대표적으로 조선 후기 효종과 영조, 정조 등의 편지를 들 수 있다. 책문은 왕이 국가의 중대한 사항에 대해 질문 형식으로 제시하면 신하나 유생들이 그에 대한 답변을 써서 올리는 것으로, 특히 과거시험의 문과에 응시하는 유생들은 초시와 복시, 전시에서 이러한 책문을 작성해야 했다. 구언은 왕이 즉위 초나 심각한 자연재해

혹은 정치적 위기 상황에서 신하들에게 정치의 잘잘못에 대해 의견을 구하는 것이다.

다음으로 순문은 왕의 질의로, 조정의 신하들에게 하문(下問)하는 것이 일반적인 방식이었다. 하지만 세종과 영조는 질문 대상을 백성들에게까지 확대하여 새로운 여론 수렴 방식으로 삼았다. 예컨대 세종은 토지세라 할 수 있는 공법(貢法)을 결정하는 과정에서 여론을 파악하기 위해 17만 명에 이르는 백성들을 대상으로 설문조사를 실시한 적이 있다. 전국의 모든 양반층뿐만 아니라 일반 백성들에게도 찬반 여부를 물었던 것이다. 영조는 그보다 한 발짝 더 나아가 능행길이나 궐문 앞에서 백성들을 직접 만나 의견을 듣곤 했다. 특히 국가의 주요 정책을 결정할 때는 가급적 백성들을 직접 만나 순문하곤 했는데, 균역법을 제정할 때는 세 차례나 순문했고, 1760년 청계천 준천사업을 벌일 때도 순문했다.

신하·백성과 활발하게
소통하고자 했던
조선의 왕들

반면에 상언과 격쟁은 16세기 이후 왕에게 민의를 전달하는 대표적인 수단이었다. 상언은 아랫사람이 국왕에게 올리는 글이고, 격쟁은 억울한 일을 당한 사람이 임금의 행차 길에서 징이나 꽹과리, 북을 쳐서 하소연하던 것을 말한다. 조선 후기엔 상언과 격쟁이 더욱 활성화되었다. 특히 영조와 정조는 궁궐 밖으로 거둥하거나 능행하는 횟수를 크게 늘렸고, 그에 따라 상언과 격쟁의 건수도 대

〈정조대왕 어진〉, 수원화성박물관 소장.

폭 늘어났다. 1832년 추사 김정희도 아버지 김노경이 모함을 당해 유배를 가자 왕에게 격쟁을 통해 억울함을 호소한 적이 있다.

이와 같이 조선시대 왕들도 다양한 방식으로 신하나 백성과 소통하고자 했다. 정조는 유독 정치적인 소통을 중시했던 왕이다. 350여 통이 넘는 어찰을 통해 측근의 신하들과 긴밀하게 소통했고, 책문도 역대 왕 중 가장 많은 78건이나 되었다. 영조가 궁궐 안이나 문 앞에서 백성들을 만난 것과 달리 정조는 경기도 일대를 능행하며 현지에서 직접 백성들을 만났다. 또 정조 대에는 능행 중에 접수된 상언과 격쟁의 기록만 해도 4427건에 이르렀다. 그 내용을 보면, 은전(恩典) 요구 42퍼센트, 사회 경제적 비리와 침탈 호소 21퍼센트, 산송(山訟) 13퍼센트, 억울함 호소 13퍼센트, 계후 문제 10퍼센트 등이었다. 정조는 민원을 직접 처리했고, 각각의 내용과 처리 결과를 『일성록』에 기록하도록 했다.

정조는 특히 편지를 중요한 소통 수단으로 활용했다. 어린 시절부터 친인척과 한글 편지로 소통했으며, 즉위 후에는 신하들과 한문 편지로 소통했다. 심지어 그는 자신과 적대적 관계에 있는 노론 벽파의 수장 심환지와도 편지를 주고받았다. 정조의 한글 편지와 한문 편지를 통해 조선시대 왕의 소통법에 대해 자세히 살펴보도록 하자.

인간미 넘치는
정조의 한글 편지

정조(1752~1800)는 사도세자와 혜경궁 홍씨 사이에서 태어났다. 그는 어려서부터 범상치 않은 모습을 보였다고 한다. 100일이 채 되기 전에 서고, 1년이 안 되어 걸음마를 뗐다. 유난히 글씨 쓰기를 좋아해서 두 살 때 이미 글자를 흉내낼 줄 알았고, 네다섯 살 때에는 한글을 터득하여 어른처럼 편지를 써내려갈 정도였다.

정조는 어린 시절부터 한글 편지 쓰기를 매우 좋아해서 40여 년 동안 지속적으로 한글 편지를 썼다. 현재는 『정조어필한글편지첩』에 14통이 남아 있는데, 외가친척인 큰외숙모 여흥민씨(혜경궁 홍씨의 큰오빠 홍낙인의 처)에게 보낸 편지들이다.

정조도 다른 조선시대 사람들처럼 외가인 풍산홍씨와 관계가 밀접했다. 어릴 적부터 외가 사람들과 자주 교류했고, 또래 외가친척들과 함께 놀았으며, 커서도 새해가 되면 외가 어른들에게 문안인사를 드리고 푸짐한 선물을 보내기도 했다. 그중에서도 큰외숙모 여흥민씨와 자주 한글 편지를 주고받았다. 정조 사후에 혜경궁의 막냇동생인 홍낙윤은 정조가 여흥민씨에게 보낸 14통의 한글 편지를 따로 묶어 『정조어필한글편지첩』을 만들기도 했다.

먼저 정조가 네 살 때 여흥민씨에게 보낸 한글 편지부터 살펴보자.

> 문안 아뢰고 기후 무사하신지 알고자 합니다. 이 족건(足巾: 버선)
> 은 저에게 작사오니 수대(외사촌 홍수영)를 신기옵소서. 조카.

큰외숙모에게 안부를 물은 뒤 자신이 신던 버선이 작으니 외사촌 수대에게 주라고 말한다. 세손인 정조는 어릴 때부터 비단 같은 고급 버선을 신었을 것이다. 하지만 아이들은 하루가 다르게 부쩍부쩍 크기 때문에 버선이 채 떨어지기도 전에 작아서 못 신곤 한다. 네 살짜리 꼬마 정조는 그 작은 버선을 외사촌 수대가 신으면 되겠다고 생각한 것이다. 그 마음씨가 한없이 귀엽고 기특하게 느껴진다.

다음은 정조가 여덟 살이 되기 전에 여흥민씨에게 보낸 편지로, 어린 시절 정조가 쓴 한글 편지 중 가장 유명하다.

상풍(서릿바람)에 기후 평안하신지 문안 알고자 합니다. 숙모님을 뵌 지 오래되어 섭섭하고 그리웠는데, 어제 편지 보니 든든하고 반갑습니다. 할아버님께서도 평안하시다 하니 기쁘옵니다. 원손.

어제 받은 편지에 대한 답장으로, 여흥민씨는 물론 (외)할아버지, 즉 혜경궁 홍씨의 부친 홍봉한의 안부까지 묻고 있다. 풍부한 감수성과 함께, 어린 시절부터 정조의 문장력이 얼마나 뛰어났는지 알 수 있다.

이어서 정조의 나이 8~9세인 1760~1761년 무렵 여흥민씨에게 보낸 한글 편지를 살펴보자.

날씨가 몹시 추우니 기운이 평안하신지 문안 알고자 합니다. 오래 편지도 못하여 섭섭하게 지냈는데 돌 아재가 궁에 들어오니 든든합니다. 돌 아재에게 궁에 들어오기 쉽지 않으니 내일 나가라 하니 할아버님께서 오늘 나오라 하셨다 하고 오래 못 있겠다

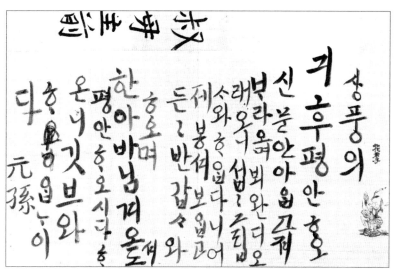

정조의 한글 편지, 국립한글박물관 소장.

하니, 할아버님께서 인마(人馬)를 내일 보내시길 바랍니다. 수대
도 못 들어오니 후일 병이 낫거든 들여보내옵소서. 세손.

추운 겨울, 정조가 궁에서 혼자 외롭게 지내고 있는데 모처럼 '돌 아
재'란 비슷한 연배의 친척이 들어온 모양이다. 정조는 "궁에 들어오기
쉽지 않으니 놀다가 내일 나가라"고 하지만, 돌 아재는 "할아버지가 꼭
오늘 나오라고 하셨다"라며 굳이 가려고 한다. 아쉬운 마음에 정조는 급
히 외가에 편지를 써서 내일 인마(人馬)를 보내달라고 부탁하고 있다. 이
와 함께 친구 수대도 훗날 병이 낫거든 꼭 들여보내달라고 당부하고 있
다. 아무리 세손이라 할지라도 친구들과 뛰어놀고 싶은 어린아이의 모
습이다. 성장하면서 조금씩 자기주장도 생기고 있다.

계속해서 1760년 이후에 쓴 정조의 한글 편지를 살펴보도록 하자.

밤사이 문안 알고자 하며, 오늘은 병환이 어떠하신지 알고자 합니다. 오늘은 마마(혜경궁 홍씨)께서 생일 음식을 해주셨는데 혼자 다 먹지 못하여 음식을 조금 드리오니 잡수시길 바랍니다. 세손.

여기에서도 정조는 먼저 문안부터 올리고 있으며, 특히 이즈음 여흥민씨가 병을 앓고 있어 더욱 간절히 밤사이의 안부를 묻고 있다. 또 이날은 정조의 생일이라 어머니 혜경궁 홍씨가 특별한 음식을 해주었는데, 그 음식을 조금 덜어 보내며 잡숴보도록 권하고 있다. 어린 시절 정조의 따뜻한 마음과 더불어 인간미 넘치는 소통 능력을 엿볼 수 있다.

정조는 왕이 된 이후에도 지속적으로 여흥민씨에게 한글 편지를 썼다. 현재는 주로 새해 인사와 함께 선물을 보내는 편지가 많이 남아 있다. 그래서인지 이들 편지에는 별도로 물건 목록이 딸려 있다. 정조의 나이 42세인 1793년 연말에 쓴 한글 편지를 함께 살펴보자.

섣달 추위에 기후 평안하신지 문안 알고자 합니다. 내년은 어머님 육순이시니 경사스럽고 다행스러운 심정을 어찌 다 형용하여 아뢰겠습니까? 새해 초 경사 때에 들어오시면 뵐 수 있을까 하여 든든하고 기다려집니다. 세찬(歲饌) 몇 가지는 변변치 않으나 해마다 보내던 것이기에 보내오니 수대로 받으옵소서. 새해가 멀지 아니하였사오니 내내 평안하시기를 바라옵니다. 1793년 12월 20일.

인삼 한 냥, 돈 일백 냥, 쌀 한 섬, 솜 다섯 근, 큰 전복 한 접, 광어 두 마리, 추복 열 접, 생대구 한 마리, 청어 일 급, 살진 꿩 한 마리, 생치 세 마리, 곶감 두 접, 새우 알 석 되, 꿀 다섯 되, 전약 한 그릇, 민강 세 근, 서울산 담뱃대 한 개, 담배설대 다섯 개.

여느 때처럼 올해도 정조는 새해를 맞아 외가에 문안 편지와 함께 선물을 보내고 있다. 곡식과 옷감, 반찬거리를 비롯해서 비싼 약재와 담배, 돈 등을 자못 풍성하게 보내고 있다. 이를 받은 여흥민씨는 별안간 부자가 된 듯한 느낌이 들었을 것이다. 또 정조는 내년엔 어머니 혜경궁 홍씨의 회갑이라고 자랑하면서 벌써부터 들뜬 마음을 감추지 못하고 있다. 정조의 깊은 효심을 보여주는 대목이다.

편지로 신하들과
친밀한 관계를 유지하다

정조는 즉위 후 신하들에게 많은 한문 편지를 썼다. 그 이유는 정조가 과거 선조대왕의 비밀 편지에 부친 발문에 잘 나타나 있다. 여기서 그는 "군왕은 친밀하지 않으면 신하를 잃는다. 현명한 신하를 사사로이 대하는 까닭은 사사로이 대하지 않으면 일을 이루지 못하기 때문이다"라고 적었다. 편지로 신하들을 친밀하게 대하며 사사로운 관계를 맺고자 했던 것이다.

과연 정조는 편지정치, 즉 편지를 정치적 소통 수단으로 적극 활용했다. 그는 심환지를 비롯한 어용겸, 서용보, 채제공 등 많은 대신들에게 사사로이 편지를 써서 안부를 묻거나 민정을 파악하고 여러 가지 국정을 처리했다.

특히 정조는 자신과 정치적 입장이 다른 노론 벽파(僻派)의 핵심인물인 심환지에게도 350여 통 이상의 편지를 썼던 것으로 확인되고 있다. 2009년에 발견된 『정조어찰첩』이 대표적인 사례다. 『정조어찰첩』은 1796년 8월 20일부터 1800년 6월 15일까지 약 4년 동안 정조가 심환지에게 보낸 어찰 297통을 6첩으로 묶은 것이다.

이 간찰첩은 그동안 정조를 독살했다고 알려질 만큼 정치적 적대관계에 있던 심환지와 정조가 그토록 오랫동안 편지를 주고받았다는 점에서 큰 충격을 던져주었다. 오늘날로 치면 개혁적인 성향의 대통령이 자신을 반대하는 보수 야당의 대표와 몰래 편지를 주고받으며 정국을 운영하는 격이었기 때문이다. 그러면서 정조는 심환지를 포섭하여 정치적 대통합을 이루어나갔다. 한 마디로 정조는 노련한 정치가요, 정치적 소통 능력이 뛰어난 사람이었다.

원래 심환지(1730~1802)는 1771년에 42세의 나이로 문과에 급제한 후 삼사(三司)의 직책을 역임하며 준엄하고 격렬한 언론을 펼친 강한 성품의 소유자였다. 특히 그는 소론의 서명응 일가를 지속적으로 공격했는데, 50세인 1776년에 서명응을 비판하다 도리어 세도를 어지럽혔다며 삭직을 당하고, 55세인 1784년에도 서명응, 서명선, 서호수를 비판하는 상소를 올렸다. 뿐만 아니라 남인 측인 채제공과 이가환을 강하게 비판하고, 박제가의 불손한 행동을 질타하는 등 정조의 정책을 지지하는 시파(時派)를 향한 공격의 선봉에 서기도 했다.

그러한 심환지가 63세인 1792년 이후 정조의 신임을 얻어 중앙정

〈심환지 초상화〉, 경기도박물관 소장.

계의 요직을 맡기 시작하더니, 66세인 1795년 이후에는 정국의 주도자로 부상했다. 정조의 어찰이 1796년부터 본격화된 것도 그만큼 심환지의 정치적 영향력이 막강해졌기 때문이다. 실제로 당시 심환지는 이조판서를 비롯하여 우참찬, 우의정, 좌의정을 역임하고 있었다.

이렇게 정조와 심환지는 표면적으로는 대립관계에 있었지만 뒤에서는 비밀 편지를 주고받으며 국정을 함께 운영해나간 정치적 파트너였던 것이다. 이런 사실이 드러나면서 그동안 꾸준히 제기되었던 정조 독살설도 상당 부분 설득력을 잃게 되었다. 정적관계인 줄로만 알았던 두 사람이 실제로는 정치적 동반자였고, 또 정조가 심환지에게 보낸 편지들을 보면 정조가 죽기 수년 전부터 갖가지 지병을 갖고 있었음이 밝혀졌기 때문이다.

'정적' 심환지와 주고받은 비밀 편지

정조는 심환지에게 밀찰(密札), 즉 비밀 편지를 보내 정사를 사전에 조율하곤 했다. 특히 정조는 비밀 편지를 통해 각종 정치적 현안이나 인사 문제, 정국 동향과 여론 파악 등을 하곤 했다. 이른바 '막후정치'를 펼쳤던 셈이다.

그래서인지 정조는 두 사람이 주고받은 편지에 대한 비밀 유지에 많은 신경을 썼다. 만약 자신들이 내통하고 있다는 사실이 다른 신하나 백성의 귀에 들어간다면 세상이 발칵 뒤집힐지도 모르는 일이었기 때문이다.

우선 정조는 비밀 유지를 위해 아무에게나 편지 심부름을 시키지 않고 '팽례(伻隷)'라는 전담 연락책을 두었다. 성균관대 안대회 선생은, 승정원에서 심부름을 도맡아 하는 정원사령이나 심환지 집안의 청지기, 즉 겸인이 팽례 역할을 했을 것으로 추정했다. 특히 정조는 남의 눈에 띌 것을 염려하여 정원사령보다는 심환지 집안의 겸인을 통해 편지를 주고받으려 했다고 한다.

또한 정조는 심환지에게 편지를 읽은 후에는 즉시 없애라고 지시했다. 1797년 7월 7일 정조가 심환지에게 보낸 편지에 그러한 모습이 잘 나타나 있다.

> (…)
> 이 편지를 보고 나면 즉시 찢어버리든지 물로 씻든지 하라. 늘 한 가지 염려가 떠나지 않는 것은 집 안에서라도 혹시 조심하지 않을까 해서이다. 경이 각별히 치밀하게 한다면 이런 염려가 어디서 나오겠는가? 듣자 하니 경의 아들이 자못 비범하여 제 형보다 낫다고 하는데, 늘 경을 위해 다행이라 여긴다. 이러한 서찰은 경이 스스로 세초(洗草)하는가, 아니면 경의 아들을 시켜 세초하는가? 처리하는 방법을 듣고 싶으니, 나중의 편지에 반드시 한 번 알려주어 이 의심을 풀어주기 바란다. 이만 줄인다.

이렇게 정조는 심환지에게 편지를 읽고 나서 즉시 찢어버리든지 물로 씻든지 하라고 지시한 뒤, 그래도 여전히 믿지 못하겠다는 듯이 계속해서 편지의 처리 방법에 대해 집요하게 묻고 있다. 그만큼 정조는 편지

왕래에 대한 비밀 유지에 신경을 썼던 것이다.

　그런데 심환지는 성격이 그리 철저하지 못했던 듯 두 사람만의 비밀
을 남에게 쉽게 누설했다. 그때마다 정조는 편지를 보내 솔직하면서도
위트 있게 질책하곤 했다.

　　계속 나랏일로 바빠 아마도 쉴 틈이 없을 것이다. 간밤에 잘 있었
　　는가? 요사이 소식은 어찌 알려주지 않는가? 그리고 일전에 당
　　부한 것은 과연 어용겸에게 상세히 말하였으며, 누구누구처럼
　　절친한 사람이나 집안 자제들에게도 절대로 누설하지 말고 더욱
　　치밀하게 하라고 신신당부하였는가? 내 눈에 띄는 사람은 단지
　　어용겸 하나뿐이니, 그가 어떻게 내 뜻을 펼지는 모르겠으나 내
　　마음은 이러하다. 껄껄.
　　산림(송환기)은 상경한 뒤로 성 밖의 여관에 머물고 있다 하는데
　　과연 그러한가? 여관 말고 머무를 곳이 있으면 좋을 듯한데, 이
　　점을 도모하는 것이 어떠한가?
　　얼마 전 이문원에서 조용한 틈을 타서 노론의 시파와 벽파 중 어
　　떠한 자가 외입한 일을 이야기하였는데, 경이 그것을 서용보에
　　게 말했다고 한다. 서용보가 듣는 것이야 무슨 문제가 있겠는가
　　마는, 내가 그에게 말하지 않은 것을 경은 함부로 이야기하였다.
　　나는 이처럼 경을 격의 없이 대하는데 경은 갈수록 입을 조심하
　　지 않는다. 앞으로 경을 대할 때 나 역시 입을 다무는 것 말고 다
　　른 방법이 없으니 우스운 일이다. 이른바 '이 떡 먹고 이 말 말아
　　라'라는 속담을 다시금 명심하는 것이 어떠한가?

경은 이제 늙어서 머리가 세었다. 게다가 처지와 신임이 어떠한가? 그런데 매번 입조심 한 가지 일에 대해서만은 탈이 생기는 일을 면하지 못하니, 경은 과연 생각 없는 늙은이라 하겠다. 너무나도 답답하다. 이영재의 장문 편지에 대한 소문을 사람들에게서 들었는데, 경은 어찌하여 전혀 알려주지 않는가? 모두 네 번 보냈고, 네 번째 편지가 더욱 볼 만하다는데 과연 그렇다고 하는가? 우의정의 일은 근래에 어떻게 관계하고 있는가? 서용보가 주장하기는 하나 이익모와 이노춘 중에 누구의 말을 더 듣는다고 하는가? 이만 줄인다.

정사년(1797) 4월 10일.

이 편지에서는 무엇보다 정조의 격식 없는 말투가 돋보인다. 우선 정조의 편지에서는 '껄껄'이라는 표현이 자주 보이는데, 이는 한자어 '가가(呵呵)'를 한글로 번역한 것으로, 요즘 우리가 문자 메시지를 보낼 때 자주 쓰는 'ㅋㅋ'와 같은 것이다. 말하자면 정조는 이미 18세기 후반에 오늘날의 카카오톡과 같은 '가가오톡'을 하고 있었던 것이다. 또한 정조는 비밀을 지키지 않은 심환지를 질책하면서 '이 떡을 먹고 이 말을 말아라'라는 속담, '경은 이제 늙어서 머리가 세었다', '경은 과연 생각 없는 늙은이라 하겠다'라는 비속어를 거침없이 사용하고 있다. 정조는 신하들과 소통함에 있어서 왕의 권위를 내려놓고 아주 솔직하게 얘기했던 것이다.

이와 같이 정조는 심환지에게 편지를 보는 즉시 없앨 뿐 아니라 평소에도 입조심을 하라고 신신당부했다. 하지만 심환지는 그러한 정조의 당부에도 불구하고 350여 통에 이르는 편지를 몰래 보관했다가 후대 사람들에게 전해주었다. 그 이유는 우선 심환지의 치밀한 성격 때문이었는데, 안대회 선생에 따르면 그는 공적·사적 일을 빠짐없이 기록할 남길 만큼 치밀하고 세심한 성격의 소유자였다고 한다. 또한 심환지도 정조 못지않게 노련한 정치가였는데, 훗날 정치적으로 불리한 상황에서 혹시라도 이 어찰이 유용하게 쓰일지 몰라 일종의 보험증서처럼 보관해두었다는 것이다. 다만 심환지의 편지도 어딘가 남아 있을 듯한데, 아직까지 발견되지 않고 있어 못내 아쉬울 따름이다.

막후정치의 실체

그럼 정조는 심환지에게 비밀 편지를 보내 과연 무슨 일들을 처리했을까? 이제부터는 그 내용을 함께 들여다보자.

먼저 정조는 어떤 일을 처리하기에 앞서 미리 비밀 편지로 의견을 조율했다.

내일 차대(次對)를 할 것이니 정리곡(整理穀)에 관한 일은 경이 곧바로 연석에서 아뢰는 것이 어떠한가? 오늘 서용보를 만났다. 그에게 "내가 이미 이제학(심환지)에게 말했으니 다른 사람을 시키거나 스스로 하거나 좋을 대로 하라"라고 말하였다. 만약 내일 만나거든 경도 이렇게 말하는 것이 어떠한가? 내게 아뢰는 조항의 초본은 임시로 써서 어용겸에게 주고, 서로 서신을 주고받으며 윤색하게 할 것이라고 말하였다. 이것도 알아두는 것이 어떠한가? 그 사이에 어용겸은 과연 만나보았는가?

정사년(1797) 10월 6일.

여기서 차대란 임금 앞에서 정무를 보고하는 일을 말하고, 정리곡이란 정리소 소유의 곡식을 말한다. 정조는 수원화성의 정비와 수리를 위해 정리소란 관아를 설치했는데, 여기서 쓰고 남은 비용을 정리곡이라 하여 환곡(還穀: 춘궁기에 백성들에게 곡식을 나누어주었다가 추수기에 10퍼센트의 이자를 붙여 거둬들이는 제도)의 자본으로 삼도록 했다. 정조는 심환지에게 편지를 보내 미리 그 정리곡의 처리 문제에 대해 입을 맞추고 있는 것이다.

또한 정조는 비밀 편지를 보내 심환지와 더불어 인사 문제를 의논하기도 했다.

어제 만났을 때는 총총히 헤어지느라 속마음을 다 터놓지 못했으니 한탄스럽다. 간밤에 어떻게 지냈는가? 도목정사(인사행정)가 내일인데 그 때문에 마음이 쓰인다. 처음 관직에 오른 사람은 어떻게 처리했으며, 네 개의 빈자리는 과연 외방에 분배했는가? 경상도의 경우는 한강(정구), 여헌(장현광), 남명(조식) 집안의 남인을 거두어 쓰는 것이 어떠한가? 처음 관직에 오르는 사람을 의망할 때는 시파와 벽파를 섞어 쓰고, 그 밖에도 이렇게 하는 것이 어떠한가? 경을 위해 마음을 놓지 못하고 있다.

진도만호는 임기가 찼다고는 하지만 형세상 재해가 가장 심한 읍이라는 이유로 보리가 익을 때까지 자리를 옮기지 말도록 할 것이다. 고성도 진휼을 해야 하는 읍이라 하는데, 그렇다면 수령 두 자리가 줄어들 것이니 안타깝다. 이번 정사에서는 경도 나와서 복직할 것인가? 이만 줄인다.

정사년(1797) 12월 19일

예나 지금이나 인사는 매우 민감한 문제로, 임금도 각별히 신경 쓰지 않을 수 없었다. 정조 역시 인사행정을 앞두고 무척 신경이 쓰이는지 심환지와 더불어 꼼꼼히 검토하고 있다. 특히 널리 알려진 대로 정조는 관직을 내리는 일에서 무엇보다 '탕평(蕩平)'을 강조하고 있다.

그날 밤 정조는 심환지가 보내온 인사행정의 초본에 자신의 의견을 적어 보내는데, 여기서도 다시 한 번 '탕평'의 중요성을 강조하고 있다.

시험 일로 바빠서 보내온 초본에 대해 이제야 의견을 적어 보낸다. 처음 관직에 오른 사람과 그 관직은 각별히 유의하는 것이 어떠한가? 이번 정사는 오직 두루 인재를 등용하고 탕평을 하여 내 뜻을 널리 알리는 단서로 삼는 것이 좋겠다.

이기헌에 관한 일은 내가 가부를 말하고 싶지 않다. 그리고 김기서로 하고자 한다면 이기헌을 부망으로 삼는 것이 좋겠는가, 아니면 수망으로 삼고자 하는가? 편한 대로 하라.

정사년(1797) 12월 19일 밤

이처럼 정조는 자신의 생각을 강요하기보다 상대방의 의사를 묻거나 믿고 맡겨두는 쌍방향적 소통을 하고 있다.

이틀 후 저녁에 정조는 다시 기쁜 표정으로 심환지에게 비밀 편지를 써서 보낸다.

> 도목정사가 잘되었다고 하니 무척 다행이다. 퇴근하고서 잘 있었는가? 대략 여론을 들어보니 시파와 소론은 그다지 잘못되었다고 여기지 않고, 간혹 칭찬하는 사람도 있다고 한다. 심지어 무관들조차 놀랍다고 하며 입을 모아 칭찬하지 않는 사람이 없다고 한다. 너무나 다행이다.
>
> 남인들은 처음 벼슬을 얻는 사람이 없어 자못 불만스러워한다는데, 차후에 김성일의 자손을 거두어 써서 크나큰 비난을 막는 것이 어떠한가? 감역을 소론에게 주지 않으면 또 무슨 욕을 먹겠는가? 껄껄. 이만 줄인다.
>
> 정사년(1797) 12월 21일 저녁

이렇게 정조는 인사행정에 관한 여론에도 신경을 썼다. 또 미흡한 부분에 대해선 차후에 보완하겠다고 다짐하기도 했다. 정조가 얼마나 세심한 성격과 열린 사고를 가지고 있었는지 확인할 수 있는 대목이다.

나아가 정조는 자주 심환지에게 편지를 보내 "요사이 들려줄 만한 것은 없는가?", "귀에 들려오는 시사(時事)가 있는가?"라고 하면서 시사를 파악하고자 했다. 대표적으로 다음의 편지를 살펴보자.

> 얼마 전 만난 일로 아직까지 기쁘다. 요사이의 시사(時事)는 어째

서 알아보고 전해주지 않는가? 병조판서는 대신들이 이조에 천거하려 하지 않으므로 내가 특지로 임명하고자 한다. 훈련대장에게 병조판서가 없어서야 되겠는가? 서용보를 시켜 우의정에게 천거하도록 하는 것이 어떠한가? 이건 경의 생각이라고 말하는 것이 좋겠다. 이만 줄인다.

정사년(1797) 6월 12일

정조가 심환지에게 시사를 알아보고 들려주길 촉구하고 있다. 겸하여 병조판서에 대한 인사 문제도 의논하고 있는데, 자신의 뜻을 마치 심환지의 생각인 것처럼 꾸며 말하라고 지시하고 있다. 그야말로 막후정치의 실체를 적나라하게 보여주는 대목이다.

끝으로 정조는 심환지에게 편지로 갖가지 업무를 지시하기도 했다.

요사이 잘 있었는가? 어용겸에 관한 일은 그 사이에 불러다가 엄히 따졌는가?

올해 충청도의 농사는 수확한 뒤에 보니 그전에 생각했던 것과는 전혀 달랐다. 허나 몇몇 읍의 일부만 그러했다면 구제하는 데 어려운 지경에 이르지는 않았을 것이다. 편지를 보내 전심전력을 다하라고 독촉하는 것이 어떠한가?

부여 고란사는 천년 고찰이다. 옛사람의 시를 보면 평범한 절과 다르다는 것을 더욱 잘 알 수 있다. 하지만 얼마 전에 퇴락한 뒤 불상이 개울가에 거꾸러져 있었기에 지나가는 사람들이 탄식했다고 한다. 지난번에도 이에 대해 말했는데, 아직도 수리하는 일에 손을 쓰지 않고 있다 한다. 이 또한 충청도 관찰사에게 말하여 해당 수령을 도와 속히 완공하도록 하는 것이 어떠한가?

요사이 소식은 들려줄 만한 것이 또 있는가? 이만 줄인다.

정사년(1797) 10월 2일

이렇게 정조는 심환지에게 편지를 보내 충청도의 흉년 든 곳을 구휼할 것과 부여 고란사의 퇴락한 불상을 수리하는 일을 지시하고 있다.

솔직함과 친근함으로
신하의 마음을 사로잡다

정조는 뛰어난 소통 능력으로 신하들의 마음을 사로잡았다. 마지막으로 정조의 정치적 소통 비결은 과연 무엇이었는지 간략히 알아보자.

정조의 소통법의 특징으로는 먼저 '솔직함'을 들 수 있다. 앞에서처럼 왕으로서의 권위의식을 버리고 자신의 마음을 솔직히 표현하여 상대방의 공감을 이끌어냈던 것이다.

소식이 갑자기 끊겼는데 경은 그동안 자고 있었는가? 술에 취해 있었는가? 아니면 어디로 갔었기에 나를 까맣게 잊어버렸는가? 혹시 소식을 전하고 싶지 않아 그러했던 것인가? 나는 소식이 없어 아쉬웠다. 이렇게 사람을 통해 모과를 보내니 아름다운 옥(시)을 받을 수 있겠는가?

정사년(1797) 6월 24일

심환지에게서 한동안 소식이 없자, 정조가 어린아이처럼 투정을 부리며 아쉬움을 표현하고 있다. 그러고는 모과 하나를 보내며 그에 관한 시 한 수를 써달라고 요구하고 있다. 심환지는 자신을 마치 친구나 연인처럼 대하는 왕의 태도에 순간 당황스러웠을 듯하다. 하지만 그럴수록 더욱 임금에게 신경을 쓸 수밖에 없었을 것이다.

정조 소통법의 또 다른 특징은 '친근함'이다. 정조는 심환지를 비롯한 신하들을 마치 가족처럼 여겼다. 1798년 3월 17일 심환지에게 보낸 편지에서 정조는 "어찌하면 조정 안에서도 화목하고 조정 밖에서도 화기애애한 분위기를 잃지 않을 수 있겠는가?"라고 물었다. 심지어 정조는 1798년 5월 10일 오전에 연달아 보낸 편지에서 심환지 부인의 건강까지도 세세히 챙기고 있다.

퇴근하고 잘 있었는가? 부인이 편찮다고 들은 듯한데, 병세는 어떠하며 무슨 약을 썼는가? 나는 가뭄 걱정 때문에 마음이 타는 듯하다. 내 성의가 부족하여 '말이 끝나기도 전에 비가 흠뻑 내리는 일'이 일어나게 하지 못하니 어쩌겠는가? 비가 흠뻑 내린다면 그래도 때를 놓치지는 않을 것이다. 그저 목 빼고 발 돋우며 기다릴 뿐이다.

근래 소식은 들려줄 만한 것이 있는가? 충청도 관찰사는 사론(士論)을 크게 거스른 데다 정사를 보느라 노쇠하였으니 답답하다. 개성유수를 추고한 일은 더욱 분발하게 하려는 의도였으니, 껄껄 웃을 일이다. 나로 말하자면 헤아릴 것이 못 된다고 생각한다. 요즘 소문에 신기란 자가 무어라 한 말이 있다는데, 경도 들었는가? 부인의 병세를 알아보고자 편지를 보냈다. 이만 줄인다.

아침에 잠시 만나 위안이 되었다. 부인의 병은 밤사이 어떠한가? 인삼 두 냥을 보낸다. 서용보와 어용겸 두 사람에게 과연 어제 부탁한 대로 말을 전했는가? 이만 줄인다.

첫 번째 편지에서 정조는 심환지 부인의 병세를 물은 뒤 은근슬쩍 요즘 시사에 대해 묻고 있다. 두 번째 편지에서는 병에 대한 걱정과 함께 약재까지 보내주며 어제 부탁한 일을 실행했는지 묻고 있다. 마치 한 가족처럼 세세히 챙기는 임금의 태도에 심환지는 충실히 답변하거나 부탁한 것을 들어주지 않을 수 없었을 것이다. 정조는 과연 사람을 다룰 줄 아는 왕이었던 것이다.

정조의 편지에서는 서용보와 어용겸도 자주 등장하는데, 두 사람 다 심환지의 심복이자 이조참의와 이조판서, 대사헌, 예조판서 등을 역임하는 등 정조의 측근이었다. 특히 두 사람은 정조와 심환지를 연결하는 중개자 역할을 충실히 수행했다.

뿐만 아니라 정조는 간혹 선물을 보내 심환지의 마음을 사기도 했다.

편지를 받고 위안이 되었다. 강화유수는 내려간 지 이미 오래인데 어찌 듣지 못했는가? 다른 말은 제쳐두고, 오늘 본영에서 활 쏘기 시험이 있었는데 경은 편히 쉬게 하려고 시관으로 보내지 않았다. 강에 가는 일은 편한 대로 하라.

땔감과 숯은 말미에 적은 수량대로 저녁쯤 보내겠다. 지금은 경의 녹봉이 넉넉한데도 이러한 것들을 보내니, 삿갓을 쓰고서도 받고 전립을 쓰고서도 받는 것이라 하겠다. 껄껄. 이만 줄인다.

세화(歲畵)를 따로 나누어주니 이것도 수량대로 받기 바란다.

땔감 이백 개

숯 한 섬

세화 여섯 장, 그리고 병풍에 쓸 것 여덟 장

기미년(1799) 12월 27일

정조는 나이 많은 심환지를 배려하여 활쏘기 시험관에서 빼주고, 녹봉 이외에 별도로 땔감과 숯, 세화 등을 보내주며 '껄껄' 웃고 있다. 뜻밖의 선물을 받은 심환지는 또다시 마음속으로 충성을 다짐했을 것이다.

이처럼 정조는 적대관계에 있는 심환지와 비밀 편지를 주고받으며 정사를 논하고, 시사를 파악하기도 하고, 업무 지시를 내리는 등 막후정치를 펼쳐나갔다. 특히 정조는 솔직함과 친근함, 유머와 속담 및 비속어 사용 등 뛰어난 소통 능력으로 심환지의 마음을 사로잡았다.

그래서인지 심환지는 정조가 죽자 몹시 애통해하며 더 이상 세상을 살고자 하지 않았다. 국상을 마치고 집으로 돌아와 집안사람들과 함께 울며 곡했는데, 그때에 흘러내리는 눈물이 마치 물결처럼 얼굴을 덮었고, 보는 사람들이 감동하여 울지 않는 자가 없었다. 이후로도 그는 슬픔이 일면 무시로 방 안에서 곡하며 우니 곁에 있던 사람들이 그치라고 권할 수도 없었다고 한다.

02

이 부부의 평등한 소통법,

군관 나신걸

　조선은 유교국가로서 여권이 보장되지 않아 여성들이 살기가 무척 힘들었을 것으로 생각하는 이들이 많다. 하지만 그것은 일제강점기 이후 식민사관의 영향을 받아 형성된 것으로, 실제 조선시대 여성들의 사회적 처지는 우리의 일반적인 생각과 많이 달랐다. 다시 말해 조선은 우리가 생각하는 것만큼 심한 가부장제 국가는 아니었다는 의미다.

　무인에 대한 인식도 마찬가지다. 현대인의 무인관은 오로지 '무(武)'만을 강조한다 해도 과언이 아니다. 그래서 우리는 '무인(군인)' 하면 경직되고 권위적인 인간상을 떠올리곤 한다. 반면에 조선시대 무인들은 '문무(文武)'를 겸비하고자 했다. 당시 무인들은 높은 학덕을 갖추고 있었고, 이순신의 『충무공이순신전서』, 곽재우의 『망우집』, 고경명의 『제봉집』처럼 사후에 문집을 남기는 경우도 많았다. 조선시대 무인들은 소통 능력도 뛰어났다. 대표적인 예로 조선 전기 군관 나신걸과 임진왜란 때의 명장 이순신을 들 수 있다. 먼저 군관 나신걸의 인간적 면모와 소통법에 대해 자세히 알아보도록 하자.

전근 가는 군관이
아내에게 보낸 편지

2011년 대전시 유성구에 있는 안정 나씨 문중의 분묘를 이장하던 중 목관 속에서 한 여인의 미라가 발견되었다. 조선시대엔 회곽묘(목관 주위에 회반죽을 발라 완전히 밀폐시킨 무덤)라는 독특한 장례풍습이 있었는데, 그로 인해 오늘날까지도 시신이 썩지 않은 미라가 계속 발굴되고 있다. 목관에서는 의복 140여 점과 백자 등이 출토되었고, 머리맡에서는 남편 나신걸이 쓴 한글 편지도 발견되었다. 그 여인의 이름은 알 수 없고, 다만 '나신걸의 아내 신창맹씨'라고만 되어 있었다.

나씨 집안의 족보와 무덤 속 한글 편지를 통해 확인한 결과, 나신걸(1461~1524)은 15세기 중반에서 16세기 전반에 살았던 사람으로 대전 부근 회덕에서 군관으로 근무한 것으로 밝혀졌다. 군관(軍官)은 오늘날 육군 소위 정도의 초급 장교로 각 도의 주진(主鎭)에 배치되어 진장을 보좌하고 군사를 감독하는 지방군의 중추적 존재였다. 보통 진장이 추천하면 병조에서 확인하고 임금에게 보고하는 절차를 거쳐 임명되었다. 그의 편지는 대략 20대 후반에서 30대 초반인 1490년대에 쓰인 것으로 추정된다. 이로써 나신걸의 한글 편지는 현존하는 우리나라 최초의 한글 편지로 판명되었다.

주지하듯이 한글은 1443년에 창제되어 1446년에 반포되었다. 그런데 나신걸의 한글 편지가 1490년대에 쓰였다면, 불과 50년도 안 되는 짧은 기간에 한글이 조선 사회에 빠르게 확산되었음을 알 수 있다. 그것도 서울이 아닌 지방에서, 여성이 아닌 남성이 한글을 자유자재로 사용하고 있어 놀라움을 더해준다. 그만큼 한글은 누구나 쉽게 배우고 쓸 수 있는 보편적인 문자였다. "사람들로 하여금 쉽게 익혀 날마다 쓰는 데 편하게 할 뿐이다"라는 세종대왕의 한글 창제 의도가 그대로 적중했던 것이다.

다만 아직은 초기 단계라서 그런지 나신걸의 한글 편지는 두서가 없는 편이다. 문장이 구어체에 가깝고, 단락이나 내용도 체계적이지 않다. 물론 짧은 지면에 할 말은 많고, 편지를 급하게 쓴 것도 어느 정도 영향을 미친 듯하다. 나신걸은 집 부근인 충청도 회덕에서 근무하다가 갑자기 멀리 함경도 경성으로 전근을 가면서 아내에게 편지를 썼다. 군복인 철릭(무관이 입던 공복)과 길양식을 보내달라고 부탁도 하고, 여러 가지 집안일을 두루 챙기는 내용이다. 비록 한 통의 편지에 불과하지만 조선 전기 군관 나신걸의 인간미와 소통법이 아주 잘 나타나 있다. 나신걸이 아내에게 보낸 한글 편지 전문을 있는 그대로 현대어로 번역해보았다.

> 밭은 다 소작을 주고 농사짓지 마소. 내 철릭 보내소. 안에다 입세. 봇논[洑] 모래 든 데에 가래질하여 소작 주고 절대 종의 말 듣고 농사짓지 마소. 내 헌 비단 철릭은 기새에게 주소. 그 옷을 복경이한테 입혀 보내네. 가래질할 때 기새 보고 도우라 하소. 가래질을 다하고 순원이는 내어 보내소. 부리지 마소. 꼭 데려다 이르

소. 영동에 사는 함경도 경성의 군관이 다음 달 열흘께 들어오니 거기로 가서 내 옷 함께 가지고 들어오라 하소. 꼭 영동에 가서 물어 그 군관과 함께 들어오라 하소. 그 군관의 이름은 이현종이라 한다네. 내 삼베 철릭이랑 모시 철릭이랑 성한 것으로 가리어다 보내소. 분과 바늘 여섯을 사서 보내네. 집에도 다녀가지 못하니 이런 민망한 일이 어디에 있을까. 울고 가네. 어머니와 아기를 모시고 잘 계시오. 내년 가을에 나오고자 하네. 또 다랑이 순 많이 하는 논에 씨 열여섯 말, 이필손의 논에 씨 일곱 말, 손장명의 논에 씨 다섯 말, 소관이가 하는 논에 씨 다섯 말, 구디지에하던 논에 씨 다섯 말, 이문지에 논에 씨 여덟 말, 종도리 하는 논에 씨 여덟 말, 진구레 논에 씨 열 말, 또 두말 구레 밭에 피 씨 너 말, 뭇구레에 피 씨 너 말, 삼밭에 피 씨 한 말, 아래 밭에 피 씨 한 말 닷 되, ○재하는 밭에 피 씨 서 말, 어성개 밑 밭에 피 씨 서 말, 허오동이 소작 주던 봇논에 씨 서 말.

안부가 몹시 궁금해 계속 쓰네. 집에 가서 어머님이랑 아기랑 다 반가이 보고 가고자 했는데, 장수가 자기 혼자만 집에 가고 나는 못 가게 해서 다녀가지 못하네. 이런 민망하고 서러운 일이 어디에 있을까? 군관에 자원하면 내 마음대로 하지 못한다네. 가지 말라고 하는 것을 구태여 가면 병조에서 회덕골(집)로 사람을 보내 잡아다가 귀양 보낸다 하니, 이런 민망한 일이 어디에 있을까. 아니 가려 하다가 마지못해 함경도 경성으로 군관이 되어 가네. 내 낡은 칼과 겹철릭을 보내소. 거기에 가면 흰 베와 명주는 흔하고 무명이 아주 귀해서 관원들이 다 무명옷을 입는다 하네. 나

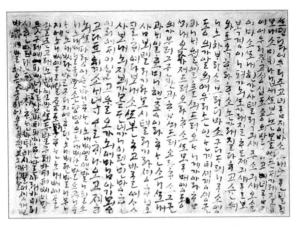

군관 나신걸의 한글 편지, 대전선사박물관 소장.

도 무명 겹철릭과 무명 홑철릭을 입을까 하네. 모름지기 많이 해서 설을 쇠기 전에 경성으로 단단히 해서 들여보내소. 옷을 설까지 미처 못 지을 것 같거든 가는 무명이나 많이 보내소. 두 소매 끝에 토시를 둘러 보내소. 무명이 있으면 거기에선들 옷이야 못하여 입을까마는 걱정되네. 모름지기 잘하여 보내소. 길이 한 달 길이라 하네. 양식을 넉넉히 하여 주소. 모자라지 아니하게 주소. 논밭의 온갖 세납은 형님께 내어달라 하소. 공물은 박충의 댁에 가서 미리 말해 바꾸어두소. 쌀도 찧어다가 두소. 고을에서 오는 모든 부역은 가을에 정실이에게 자세히 차려서 받아 처리하라 하소. 녹송이가 슬기로우니 물어보아 모든 부역을 녹송이가 맡아서 처리하라 하소. 녹송이가 고을에 가서 뛰어다녀 보라 하소. 쉬이 바치게 부탁하라 하소.

회덕 온양댁 가인께 상백. 편지 벌써 자세히 즉시 다 받았소. 빨

40

리 보내소. 입사(나신걸) 수결.

아내가 농사일로 고생할 것이
마음에 걸려

이 편지에서 가장 눈길을 끄는 대목은 나신걸이 아내에게 집안일에 대해 상세히 알려주는 부분이다. 농사와 노비 관리, 세금과 공물, 부역, 가족 부양 등 갖가지 집안일을 매우 자세히 알려주고 있다.

먼저 나신걸은 안부 인사도 생략한 채 "논밭은 다 소작을 주고 농사짓지 마소"라는 말로 편지를 시작한다. 자기 없이 혼자서 농사짓기 어려울 테니 논밭을 모두 남에게 소작을 주어버리라는 뜻이다. 아내가 농사일로 고생할 것이 얼마나 마음에 걸렸으면 흔한 안부 인사도 없이 곧바로 본론으로 들어갔을까? 이어서 자기 집 논밭에 뿌리는 씨앗이 얼마인지도 자세히 알려주고 있다. 그래야만 노비들이 중간에서 빼돌리는 걸 막을 수 있고, 나중에 소작료도 제대로 받을 수 있기 때문이다.

다음으로 나신걸은 "가래질할 때 기새 보고 도우라 하소", "가래질을 다하고 순원이는 내어 보내소", "녹송이가 슬기로우니 물어보아 모든 부역을 녹송이가 맡아서 처리하라 하소" 하면서 노비 관리법에 대해서도 자세히 일러주고 있다. 평소 그가 노비들 개개인의 특성을 잘 파악하고 있었다는 것을 보여주는 대목이다.

뿐만 아니라 나신걸은 논밭의 세납과 공물은 자신의 형님에게 내어 달라 부탁하고, 부역은 정실이와 녹송이에게 맡겨 처리하도록 일러주고 있다. 아내가 처리할 일을 최대한 덜어주려 애쓰고 있는 것이다.

나아가 "어머니와 아기를 모시고 잘 계시오"라고 하는데, 여기서 어머니는 장모, 즉 아내의 친정어머니일 것이다. 조선 전기만 해도 남자가 여자 집에서 사는 이른바 '처가살이'가 일반적이었기 때문이다. 다시 말해 나신걸은 그때까지 처가에서 장모를 모시고 살고 있었던 것이다.

이처럼 나신걸은 갑작스레 멀리 전근을 가면서 아내에게 갖가지 집안일을 자세히 알려주고 있다. 이는 평소 그가 집안 살림에 얼마나 적극적으로 참여하고 있었는지 반증해주는 것이라 하겠다.

아내에 대한 존경과 사랑을
가득 담아 쓰다

나신걸의 한글 편지에 나타난 소통법의 특징으로는 우선 '자세함'을 들 수 있다. 나신걸은 자기 대신 아내가 해야 할 집안일을 아주 자세히 알려주고 있다. 심지어 논밭의 씨앗은 얼마씩 뿌리는지, 노비 개개인의 성격은 어떠한지도 꼼꼼히 일러주고 있다. 그래야만 자기가 없어도 아내가 별다른 어려움 없이 집안일을 처리할 수 있기 때문이다.

또한 나신걸은 오늘날의 부부보다도 더 애정 표현을 솔직히 하고 있다. "집에도 다녀가지 못하니 이런 민망한 일이 어디에 있을까. 울고 가네", "이런 민망하고 서러운 일이 어디에 있을까"라고 하면서 아내가 보고 싶다거나 울고 싶다는 표현을 서슴없이 하고 있다. 특히 그는 '민망하다'는 표현을 자주 쓰고 있는데, 이는 '부끄럽다'가 아닌 '안타깝다'

라는 뜻이다. 아내를 보지 못하고 멀리 떠나는 안타까움을 솔직하게 표현하고 있다. 나아가 "장수가 자기 혼자만 집에 가고 나는 못 가게 해서 다녀가지 못하네"라며 상관을 대놓고 원망하기까지 한다.

마지막으로 나신걸은 아내를 매우 존중하고 있다. 그는 편지에서 '~하소', '~하네'라고 경어체를 사용하고 있다. 또 편지 끝부분에서도 "가인(家人)께 상백(上白)", 즉 '아내에게 올립니다'라고 적고 있다. 뿐만 아니라 집에 다녀가지 못하는 미안함의 표현으로 분과 바늘 여섯 개를 사서 아내에게 선물로 보내주고 있다. 분은 여자들이 쓰던 화장품으로, 옛날 여성들도 화장품을 좋아했던 모양이다.

그런데 바늘 여섯 개는 무슨 의미일까? 오늘날 바늘은 값싼 생필품에 불과하지만, 당시엔 중국에서 수입하는 귀중품이었다. 조선 후기 실학자 서유구는 『임원경제지』에서 우리나라 사람들은 바늘을 중국에서 수입한다고 말했다. 아마 조선에도 바늘이 있었지만 좀 더 정교하고 품질이 좋은 바늘은 중국에서 수입해오지 않았을까 한다. 어쨌든 당시 분과 바늘은 고가의 선물로, 초급 장교인 군관 나신걸은 아내에게 줄 선물을 사기 위해 몇 달치 녹봉을 지불했을 것이다.

나신걸은 애처가 수준을 넘어 '경처가(敬妻家)'라 해도 과언이 아니었다. 그 시절에 어떻게 이토록 아내를 존경하고 솔직하게 사랑을 표현할 수 있었을까? 조선 중기까지만 해도 남자가 여자 집으로 가서 혼인하고 아이를 낳고 사는 처가살이를 했다. 재산도 아들과 딸이 균등하게 상속받았고, 제사도 서로 돌아가며 지내는 윤회봉사를 했다. 이렇게 여권이 제도적으로 보장되었기 때문에 남편이 아내를 존중하고 적극적으로 사랑을 표현할 수 있었을 것이다.

하지만 조선 후기에 성리학적 가부장제가 확산되면서 혼인풍속이 시집살이로 바뀌고, 가족제도도 부계 중심으로 바뀌었다. 재산 상속 역시 큰아들 중심으로 변화하는 등 오늘날과 같은 남녀차별의 역사가 시작되었다.

이 편지로 추측하건대 나신걸은 평소 아내에게 편지를 많이 보낸 듯하다. 하지만 안타깝게도 현재 남아 있는 편지는 한 통뿐이다. 그의 편지가 좀 더 많이 전해졌더라면 전통적인 양성평등 부부상과 소통법에 대해 충분히 엿볼 수 있었을 것이라는 아쉬움이 남는다.

03 남편을 변화시킨 쪽지편지,
강정일당

　강정일당을 아는 사람은 많지 않을 것이다. 그녀는 조선시대에는 드
물게 성리학을 공부하고 실천하고자 한 여성 성리학자이자 평생 동안
글을 쓴 문인이었다. 또 아내의 역할에도 충실하여 집안 살림을 잘 꾸
리고 남편을 더 큰 인물로 만들기도 했다.

　특히 그녀는 쪽지편지라는 독특한 소통 수단을 활용했다. 또 제안,
의논, 칭찬, 격려, 부탁 등 다양한 소통법을 통해 남편의 멘토 역할을 했
다. 만약 '수학의 정석'처럼 소통의 정석이 있다면 바로 강정일당이 아
닐까 싶을 정도로 조선시대 소통법의 진면목을 보여준다.

　강정일당(1772~1832)은 충북 제천의 외가에서 강재수와 안동권씨의
딸로 태어났다. 이름은 '지극한 덕을 갖춘 사람'이란 뜻의 지덕(至德)이
었다. 원래 집안은 유명한 가문이었으나, 아버지 대에 이르러 한미하고
가난해진 것으로 추정된다. 그럼에도 아버지는 정일당이 여덟 살 때부

터 『시경』, 『예기』 등의 유교 경전을 가르쳤다. 이후 그녀는 책읽기를 매우 좋아하여 가끔 끼니를 잊을 정도였다. 하지만 열여섯 살에 아버지를 잃은 뒤로는 날마다 어머니와 함께 바느질을 하고 베를 짜야 했다.

바느질하며 귀동냥으로
경전을 공부한
여성 성리학자

강정일당은 스무 살에 충주의 선비 윤광연과 결혼했다. 당시 신랑의 나이는 고작 열네 살이었다. 시댁 역시 명문가의 후예였으나 증조부 이후로 관직에 나가지 못해 가세가 많이 기울어져 있었다. 그래서 정일당은 결혼한 지 3년 후 시아버지가 돌아가시자 비로소 시댁으로 들어갔다.

시아버지가 돌아가신 뒤 시댁의 가세는 더욱 기울어졌다. 이에 남편 윤광연은 생계를 위해 어쩔 수 없이 상복을 입은 채 여러 지방을 돌아다니며 장사를 해야 했다. 하루는 정일당이 울면서 남편에게 말했다.

"배우지 않으면 사람의 도리를 할 수 없습니다. 정도를 버리고 생계를 도모하는 것은 차라리 학문을 하면서 가난하게 사는 것만 못합니다. 내가 비록 재주는 없지만 바느질과 베 짜는 일을 조금 압니다. 밤낮으로 부지런히 일해서 죽이라도 끓여 올리겠습니다. 원컨대 당신은 집안 일에 신경 쓰지 말고 성현의 책을 공부하소서."

그 말에 감동한 윤광연은 사서(四書)와 정자, 주자의 책을 공부했다. 몇 년이 지나자 정일당이 다시 말했다.

"혼자서 학문을 익히고 스승이나 벗과 교유하지 않으면 고루함을 면할 수가 없습니다. 당신은 스승을 찾고 벗을 사귀어 더욱 실력을 기르십시오."

그래서 윤광연은 당시 노론의 대학자인 강재 송치규의 문하에 나아가 가르침을 받고 여러 군자들과 사귀게 되었다. 그 덕분에 그의 학문도 크게 발전했다.

하지만 가계는 더욱 어려워져 스물일곱 살인 1798년에 경기도 과천으로 이사하여 외딴집을 빌려 살았다고 한다. 얼마 후에는 다시 서울로 이사하여 남대문 밖의 약현(지금의 중림동)에서 살았다. 그곳에서 윤광연은 서당을 열어 아이들을 가르치고, 정일당은 삯바느질을 하며 생계를 꾸렸다. 윤광연의 자질이 평범하다는 것을 잘 알고 있던 정일당은 일찌감치 그에게 과거시험이나 관직을 포기하고 서당을 열어 학생들을 가르치도록 했다. 다행히 만년에는 어느 정도 경제적 토대를 잡게 되어, 경기도 광주의 청계산 동쪽에 땅을 마련하여 조상의 묘를 이장하고, 일가친척의 혼례와 상례를 대신 치러주기도 했다. 자식을 아홉 명이나 낳았으나 불행하게도 모두 한 살이 되기 전에 죽고 말았다.

정일당이 본격적으로 학문을 하게 된 것은 늦은 나이인 30세부터였다. 남편이 밤낮으로 책을 읽을 때 그녀도 곁에 앉아 바느질을 하며 귀동냥으로 경전을 공부했다. 그녀는 경전을 몇 번 들으면 금세 외울 수 있었고 이해도 빨랐으므로, 나중엔 오히려 윤광연의 학업을 지도하게 되었다.

정일당은 비록 늦은 나이에 학문을 시작했지만 『주역』, 『서경』, 『시경』, 『예기』, 『효경』 등 유교의 13경을 두루 읽고 깊이 연구했다. 또한 여러 서책들을 널리 보아 고금의 역사와 정치 변동에 밝았다. 그녀에게 학문이란 가난을 이겨내는 즐거움이자 수신(修身)의 길이었던 것으로 보인다.

정일당이 가장 주력했던 유교 경전은 『중용』이었다. 그녀는 중용이 야말로 성현과 후학을 이어주는 도(道)의 핵심 고리라고 생각했다. 그리고 이 도에 들어가는 관문으로 성(誠)과 경(敬)을 꼽았다.

"하늘에서 받은 성품은 애당초 남녀의 차이가 없다"

더 나아가 정일당은 50년 선배인 여성 성리학자 임윤지당을 흠모했다. 임윤지당(1721~1793)은 강원도 원주 출신으로, 오라버니인 대유학자 녹문 임성주에게 유교 경전과 사서, 성리설을 배워 많은 학술 논문과 문학작품을 담은 문집 『윤지당유고』를 남겼다. 정일당도 임윤지당의 말에 따라 본질적으로 남녀의 차별을 인정하지 않았고, 여자라도 노력하면 성인의 경지에 도달할 수 있다고 믿었다. 그녀가 남편 윤광연에게 보낸 쪽지편지를 직접 살펴보자.

윤지당께서 말씀하시기를 "나는 비록 부인이지만 하늘에서 받은 성품은 애당초 남녀의 차이가 없다" 하셨고, 또 "부인으로 태어나 태임과 태사와 같은 성녀가 되기를 스스로 기약하지 않는 사람들은 모두 자포자기한 사람들이다"라고 하셨습니다. 그렇다면 비록 부인들이라도 큰 실천과 업적이 있으면 가히 성인의 경지에 이를 수 있습니다. 당신은 어떻게 생각하십니까?

여자도 끊임없이 경전을 연구하고 심성을 수양하면 얼마든지 성인
이 될 수 있다는 것이다. 모름지기 여자는 경전과 문장에 뜻을 두어서
는 안 된다는 조선 후기의 완고한 가부장제 사회에서, 이 같은 주장은
대단히 파격적인 것이었다.

남편에게는
스승 같은 존재

정일당은 남편 윤광연에게 그야말로
스승과 같은 존재였다. 실제로 그는 정일당이 세상을 떠난 후 영전에 올
린 제문에서 이렇게 회고했다.

나에게 한 가지라도 착한 것이 있으면 기뻐할 뿐만 아니라 더욱
격려하였고, 나에게 한 가지 허물이라도 보게 되면 걱정할 뿐만
아니라 질책하기도 하였다. 그래서 반드시 나를 중용되고 정대
한 경지에 서도록 하고, 천지 사이에서 한 점의 허물도 없는 사람
으로 만들고자 했다. 비록 내가 미련하고 못나서 다 실천하지는
못했지만, 바른 말과 지당한 논리에 종신토록 승복하였다. 이 때
문에 부부지간이 마치 스승처럼 엄격하였고, 단정하고 조심하여
조금도 소홀함이 없었다. 매번 그대와 마주할 때는 신명을 대하
는 것과 같았고, 그대와 이야기할 때는 눈이 아찔해지는 것을 느

껐다. 지금 이후로는 이와 같은 사람을 다시 볼 수 없을 것이다.

특히 정일당은 오늘날의 문자 메시지 같은 짧은 편지, 즉 쪽지편지라는 독특한 소통 수단을 통해 남편의 멘토 역할을 했다. 당시는 남존여비의 엄격한 가부장제 사회였고 윤광연이 바깥채에서 서당을 운영하고 있었기 때문에, 쪽지편지는 남편의 자존심을 건드리지 않으면서 여러 가지를 조언할 수 있는 좋은 방법이었다. 그 내용도 성격이나 생활습관, 학문, 스승, 인간관계, 손님 접대, 서당 일 등에 이르기까지 매우 다양했다. 정일당의 쪽지편지를 통해 여성 성리학자 강정일당의 지혜로움과 소통법에 대해 자세히 살펴보자.

쪽지편지의 힘

윤광연은 젊었을 때 불같은 성격의 소유자였던 듯하다. 그래서 정일당은 쪽지편지를 보내 온화한 성품을 가지라고 조언해주었다.

방금 들으니 당신이 남을 책망할 때는 노여움이 지나치다 하니, 이것은 중도가 아닙니다. 그렇게 해서 비록 남을 바로잡는다 하더라도 자신이 먼저 바르지 않으니 과연 옳은 일이겠습니까. 깊이 생각하기를 바랍니다.

『주역』에서 "음식을 절제하라" 하였으니, 술은 음식 중에서도 매우 중요한 것입니다. 당신은 술을 절제하여 덕을 쌓기를 바랍니다. 조금 전에는 무슨 일로 사람을 그리 심히 꾸짖었는지요? 과중한 책망이 아닙니까? 안색이나 언어는 군자가 더욱 마땅히 수양해야 하는 것입니다. 『시경』에서 말하기를 "남에게 따뜻하고 공손함이여. 아, 덕성의 바탕이라네!"라고 했습니다. 당신이 남을 심히 꾸짖을 때는 자못 온화한 기운이 없으므로 감히 아룁니다.

정일당은 남편에게 남을 책망할 때 화난 상태에서 하지 말고 중도(中道), 즉 온화한 마음으로 차분하게 잘못을 지적하라고 충고한다. 특히 정일당은 유학자답게 『주역』이나 『시경』 같은 경서의 구절을 인용하여 자신의 말에 더욱 힘을 싣고 있다.

정일당은 또한 쪽지편지로 남편의 갖가지 생활습관, 예컨대 의복이나 낮잠, 말, 술, 흡연 등을 고치도록 조언하기도 했다.

옛날 문중자의 의복은 검소하면서도 깨끗했습니다. 지금 당신의 의복은 검소하기는 하나 깨끗하지는 못합니다. 검소한 것은 당신의 덕이지만, 더러워졌는데도 빨지 못하고 뜯어진 것을 제때에 깁지 못한 것은 나의 잘못입니다. 삼가 잿물로 씻고 바느질하여 주겠습니다.

화초는 마땅히 동산에 심어야지 안마당에 심을 게 아닙니다. 동쪽 바위와 연못 사이로 옮겨 심는 게 좋을 듯합니다. 봉선화는 손톱에 물들이는 것인데, 나는 성격이 그것을 좋아하지 않으니 함께 옮겨 심는 게 어떻겠습니까?

낮잠은 기를 혼탁하게 하고 뜻을 해이하게 하며, 말을 많이 하면 원망과 비방이 생기게 마련입니다. 술을 과음하면 성품과 덕을 손상시키게 되고, 흡연을 많이 하면 정신을 손상하고 거만함을 기르게 됩니다. 모두 다 경계해야 할 것들입니다.

가난한 살림 탓인지 평소 윤광연의 의복은 검소한 편이었다. 한데 요새 그는 옷이 더럽고 뜯어진 줄도 모르고 입고 다녔다. 이에 정일당이 모름지기 선비란 옷을 깨끗하게 입고 다녀야 한다고 일러주고 있다. 특히 중국 수나라의 교육가이자 사상가인 문중자를 예로 들 뿐만 아니라 논리적이고 합리적으로 설명하여 남편의 감정이 상하지 않도록 조언하고 있다. 그와 함께 '하는 게 어떻겠습니까?'라고 제안하는 어투로 안마당의 화초와 봉선화를 동산으로 옮겨 심어달라고 요청하고 있다. 두 번째 쪽지편지에서도 지나친 낮잠이나 말, 음주, 흡연 등의 폐해를 들어 그것들을 삼가도록 일러주고 있다.

정일당은 가난한 형편 속에서도 최선을 다해 살림하는 한편 남편 윤광연에게 열심히 학문하도록 독려했다.

밤새 차도가 어떠한지요? 바람과 눈이 차가운데, 온돌의 냉기가 얼음장 같으니 병이 덧날까 두렵습니다. 한 달 전에 근진이가 뜰에서 밤을 주워 모아 큰 것 한 되를 골라 육포 몇 편과 함께 가지고 왔기에 받아둔 적이 있습니다. 지금 꺼내어 보니, 밤은 태반이

쥐가 먹었고, 육포는 부패했습니다. 칼로 도려내고 물로 씻어서 화로에 굽고, 종이 값으로 받은 동전 두 닢으로 술을 사다가 데워서 올립니다. 이것은 비록 사소한 것이지만, 가져온 사람의 어려운 형편을 잊지 마십시오. 그리고 조금 허기가 가시면 곧바로 공부를 시작하여 아까운 시간을 낭비하지 말기를 바랍니다.

밥을 짓지 못한 지가 이제 사흘이 되었습니다. 글을 배우는 아이가 마침 호박 넝쿨을 걷어왔는데, 그 속에서 주먹만 한 호박 몇 개를 찾아 칼로 썰어 국을 끓였습니다. 술을 한 잔이라도 구해볼까 했으나 얻지 못하고, 단지 국만 드리게 되니 죄송함을 금할 수가 없습니다. 덕은 하루라도 닦지 않을 수 없고, 학문 역시 하루라도 하지 않을 수 없는데, 모름지기 학문은 독서보다 우선하는 것이 없습니다. 든건대 당신이 마침 『주역』을 읽고 있다는데, 이만영 선생이 와서 겨울을 나신다 합니다. 이분은 젊어서부터 경학을 하던 선비이니, 더불어 강론한다면 매우 좋을 것입니다. 매일 토론한 것을 쪽지에 기록하여 내게도 보여준다면 매우 고맙겠습니다.

이제 시원한 바람이 부니 바로 독서에 매진할 때입니다. 바라건대 손님을 접대하고 일을 보는 등 부득이한 경우 외에는 정신을 집중하여 독서를 하세요. 나도 역시 바느질하고 음식 장만하는 여가에 밤늦게 잠들 때까지 독서하며 연구할 계획입니다. 지난번 사서(四書)를 읽었으나 맹자의 뒷부분 세 편은 아직 읽지 못했습니다. 그러나 오래지 않아 끝낼 것입니다.

　가난한 선비 집안의 정경이 눈앞에 펼쳐지는 듯하다. 남편이 병이 들어 아픈데도 방에 불도 못 때고 먹을 것도 없어 썩은 밤과 육포에 술 한 잔을 사다가 올린다는 내용이다. 또 사흘 동안 밥을 짓지 못하다가 가까스로 호박 몇 개를 얻어 국을 끓여 올린다는 내용이다. 그럼에도 공부를 게을리 해서는 안 되므로 허기가 가시면 다시 공부하라고 말한다. 물론 정일당도 가난한 살림을 꾸려가면서 학문에 매진하는데, 심지어 유명한 선생의 강론은 쪽지에 기록해서 보여달라고 부탁하고 있다. 당시 서당의 수업료는 밤이나 육포, 호박 넝쿨 같은 먹을거리로 납부했음을 알 수 있다.

칭찬하면서
가르치기

　　　　　　　　정일당은 남편 윤광연에게 스승에 대한 도리를 가르쳐주기도 했다.

　스승은 도(道)를 가르치는 분이니, 임금과 어버이와 함께 일체가 되는 것입니다. 스승을 찾아뵙는 일은 어버이를 찾아뵙는 것과 같으니, 어찌 나의 질병 때문에 여행을 멈출 수 있겠습니까? 지금 나의 병이 심하기는 하지만 꼭 죽을 것 같지는 않습니다. 당신이 만약 바른 도를 들을 수 있다면 나는 죽더라도 영광입니다. 빨리 말에 고삐를 매어 길을 떠나기를 바랍니다.

어버이를 섬길 때 처자를 염려하면 효성이 독실하지 못하고, 임금을 섬길 때 처자를 염려하면 충성을 다할 수 없고, 스승을 섬길 때 처자를 염려하면 학문이 성실할 수 없습니다. 모든 일을 미루어볼 때 사리가 그러하니, 내가 비록 못나기는 하지만 당신이 걱정하기를 원치 않습니다. 당신이 염려하여 덕업을 쌓는 데 손상이 된다면, 내가 비록 부귀하고 편안하더라도 궁핍하여 굶어죽는 것보다 못할 것입니다. 당신은 분발하기를 바랍니다.

매번 이렇게 글을 써서 보내는 것은 불손함에 가까워서 부녀자의 도리가 아닐 것입니다. 그러나 일찍이 심사동 선생께서 말씀하시길, 당신은 마음을 비우고 받아들이는 아량이 있다 하였고, 당신 또한 일이 있을 때마다 직언해달라고 했기 때문에 감히 말하는 것입니다. 만약 허물을 듣고 조금이라도 고치는 데 인색하거나 한 번 고친 후에 또다시 같은 허물을 되풀이한다면 끝내 덕을 성취할 수 없을 것입니다. 당신은 더욱 분발하여 노력하기를 바랍니다.

정일당의 대범한 성품이 잘 드러나는 편지다. 스승은 도를 가르치는 분이니, 아내가 아프다는 이유로 찾아뵙지 않은 건 잘못이라는 의견을 피력하고 있다. 또 큰일을 할 때는 작은 일을 돌아봐서는 안 된다고 가르치고 있다. 그러다가 문득 자신이 너무 남편을 가르치려 한다는 생각이 들었는지, "당신은 마음을 비우고 받아들이는 아량이 있다"거나 "당신 또한 일이 있을 때마다 직언해달라고 했다"라고 윤광연의 도량을 칭찬하면서 은근슬쩍 추켜세우고 있다.

어떤 사람을
사귀어야 할까

정일당은 또한 남편에게 어떤 사람들과 사귀어야 할지 인간관계에 대해서도 조언했다.

> 목천현감을 지낸 송흠성은 강재 송치규 선생의 맏아들이고, 진사 김병운은 미호 김원행 선생의 손자인데, 누차 우리 집을 방문해주십니다. 당신은 진실로 성의를 다해 접대해야 하지만 매번 가난 때문에 마음대로 하지 못하니 어찌 한탄을 금할 수 있겠습니까? 내가 듣건대 두 분은 모두 단정 돈후하며 소탈하고 공손하시다 하니, 절실히 사귀어 학문의 동반자로 삼는 것이 어떨지요?

> 이시영은 친척 보호, 가정 관리, 제사 받들기, 손님 접대에 모두 절도가 있어 과연 보내온 편지와 같습니다. 더욱 잘 교제하여 도의의 벗이 되기를 바랍니다.

> 이병신은 좋은 스승이지만 시골에 사는 까닭에 벗이 없어 혼자서 독실히 학문을 했습니다. 당신께 보내는 편지를 볼 때마다 학문에 힘쓰는 모습이 문장에 넘치니 진실로 감탄할 만합니다. 성의를 다해 회답해서 그가 더욱 노력하여 발전하게 하십시오.

우리는 보통 배우자나 자식이 집안과 권력, 재력 등을 보고 사람을 사귀기를 바란다. 우리가 '인맥'과 '네트워크'를 중시하는 이유도 결국은 나에게 도움을 줄 만한 사람과 사귀고 싶은 마음 때문이다. 하지만 정일당은 남편이 인품이나 생활태도, 학문 등을 보고 교제하기를 바라고 있다. 그래야 바른 도를 들을 수 있기 때문이다. 정일당이야말로 참된 스승의 표본이 아닐까 한다.

유가에서는 '봉제사 접빈객(奉祭祀 接賓客)'이라고, 조상의 제사를 잘 모시고 집에 찾아오는 손님을 잘 대접하는 것을 매우 중요하게 여겼다. 정일당도 마찬가지였다. 다음의 편지가 그것을 잘 보여준다.

오늘 아침에 손님(진사 이원중)이 가셨는데 왜 만류하지 않았는지요? 보통 사람에게도 그렇게 대접할 수 없는데 하물며 어진 분에게 그렇게 할 수 있겠습니까? 생각건대 틀림없이 내가 병중에 있기 때문에 수고를 끼칠까 염려해서일 것입니다. 그러나 항아리에는 아직도 몇 되의 쌀이 있고 병세도 조금 나아지고 있습니다. 어찌 일개 부인의 수고를 걱정하여 당신의 가풍을 손상시킬 수 있겠습니까? 빈객을 접대하는 예법은 조상 제사 다음으로 중요한 것이요 집안의 큰일입니다. 절대로 소홀히 할 수 없는 것입니다.

어진 분이 집에 찾아왔는데 아내가 아프다고 하면서 그냥 돌려보낸 남편을 꾸짖고 있다. '접빈객'은 유가의 중요한 예법이요 집안의 명성과도 관계되기 때문이다.

서당 일에 대한
조언

서울 남대문 밖 약현으로 이사한 윤광연은 서당을 열어 아이들을 가르쳤다. 정일당은 쪽지편지나 시를 통해 학동 선발, 수업료, 교육 방식 등 서당 일에 대해서도 많은 조언을 했다.

먼저 정일당은 학동을 선발할 때 신분이나 재력보다는 품성이나 능력을 중시하도록 했다.

근손이는 자질이 뛰어나고 행실이 중도에 어긋난 점이 있지만, 그래도 글재주를 부리는 바탕이 안 된 사람보다는 낫습니다. 이 아이는 입으로 약속한 것은 반드시 지키고 조상의 제사를 받들며 집안을 잘 지키니 믿을 만합니다. 사촌 형제들 중에서 그보다 나은 아이가 없습니다. 데려와 가르쳐서 학문을 성취할 수 있도록 하기 바랍니다.

또 근손이는 어려서 어머니를 잃었고 할머니는 성격이 엄했기 때문에 늘 당신과 나를 부모처럼 여기고 있습니다. 10리도 넘는 강변 교외에서 비바람과 추위, 더위를 가리지 않고 직접 양식을 운반하여 밤낮으로 모시니, 그 형용을 생각하면 번번이 눈물이 흐릅니다. 혹시 이 아이가 조금 과실이 있더라도 잘 타일러 가르치고 절대로 남 보듯 하지 말기 바랍니다.

평민의 자제들 중에서도 뛰어난 아이들은 중국 고대의 하·은·

주 시대에도 버리지 않았습니다. 지금 서당에서 노귀란 아이는 자상하고 명민하며, 이암이는 돈독하고 후덕하며, 유철이는 효성스럽고 신중하니 모두 가르칠 만합니다. 미천하다고 하여 소홀히 하지 말기를 바랍니다.

마치 정일당이 서당의 선생님이라도 되는 양 아이들 개개인의 사정을 잘 파악하고 있다. 특히 그녀는 아무리 가난하고 미천한 신분일지라도 행실이 돈독하면 학동으로 받아주어야 한다고 강조하고 있다. 이 편지를 통해 적잖은 아이들이 윤광연의 서당에 들어오고자 했음을 알 수 있다.

서당 수업료를 받는 방식도 대단히 인간적이었다. 정일당의 편지를 더 읽어보자.

아무개의 아이 집에서는 나흘이나 밥을 짓지 못하였고 우리 집은 사흘을 밥을 짓지 못하였으나, 이 아이가 가져온 음식을 받을 수 없습니다. 하물며 어버이의 허락도 없이 제 마음대로 가져왔으니, 비록 쌀 한 되와 동전 한 푼이지만 도리상 편치 않습니다. 지난번 김씨 아이가 가져온 곡식은 비록 한 섬이나 되는 많은 쌀이지만 주고받는 것이 인정에 합당하고 또 어버이의 명에 따라 했던 것이므로 사양치 않는 것이 마땅합니다.

학생들의 집에서 혹 선물을 바치는 사람이 있으면 반드시 당신에게 묻고 나서 받거나 사양하지만, 간혹 얘기하지 않고 곧장 사양하는 때도 있습니다.

다만 근래에 묻지 않은 것이 두 가지가 있습니다. 하나는 김맹연에게서 안경 선물을 받은 것이고, 다른 하나는 황경호에게서 고기를 받은 것입니다. 두 제자는 모두 어려서부터 당신에게 배웠는데, 김맹연은 당신의 시력이 나빠진 것을 진심으로 걱정했고, 황경호는 당신의 반찬이 없음을 염려하여 부모의 허락을 받아 가지고 온 것입니다. 모두가 인정에서 나온 선물이기에 당신도 사양치 않을 것이므로 미처 얘기하지 못하고 받아두었습니다. 어떻게 생각하는지요?

이렇게 정일당은 학동의 집안 형편에 따라 수업료나 선물을 받곤 했다. 형편이 좋아 수업료를 좀 많이 가져오면 그대로 받고, 형편이 어려운데도 군이 수업료를 가져오면 그대로 돌려보냈던 것이다. 또 안경이나 고기 같은 약간 부담스러운 선물이라도 진정으로 스승을 생각해서 가져오면 그대로 받아두었다. 정일당이 얼마나 인간적인 사람이었는지 알 수 있는 대목이다.

나아가 정일당은 서당의 교육 방식에도 관여했다. 그녀는 학동들이 잘못하면 따끔하게 혼내라고 조언했다.

군자는 예가 아닌 것을 말하지 않는 법입니다. 괴이한 현상이나 현란한 귀신에 대해서는 공자님께서도 말씀하시지 않았습니다. 근래에 보건대 서당 아이들이 이해득실이나 괴담을 이야기하면서 부질없이 세월을 보내고 있습니다. 왜 엄하게 꾸짖어 바르게

김홍도, 〈서당〉, 국립중앙박물관 소장.

공부하도록 하지 않습니까?

서당 아이들이 괴이한 현상이나 현란한 귀신, 즉 괴력난신(怪力亂神)에 대해 얘기하며 헛되이 세월을 보내자, 정일당이 남편에게 엄하게 꾸짖도록 주문하고 있는 것이다.

반면에 그녀는 학동들이 선생님에게 회초리를 맞는 날이면 시를 써서 보내 위로해주기도 했다.

〈학동들이 회초리 맞는 것을 보고〉

너희가 삼가고 조심할 줄 알았다면
죄와 허물이 어디서 나왔으랴.
이제부터 다시 뉘우쳐서
성심을 다해 바른 태도를 갖추어라.

마치 어머니처럼 부드럽고 온화한 어투로 회초리를 맞은 아이들을 타이르고 있다. 이렇게 정일당이 아이들을 친자식처럼 대한 것은 아홉 명의 자식을 낳았지만 모두 한 살도 되기 전에 잃었기 때문이 아닐까 한다. 또 '엄부자모(嚴父慈母: 엄한 아버지와 자애로운 어머니)'라는 말이 있듯이, 정일당은 서당 아이들을 다독이는 역할을 하면서 혼을 내는 남편과 조화를 이루고 싶었던 듯하다.

잔소리를 하려거든
이렇게

정일당은 쪽지편지라는 독특한 소통 수단을 개발하기도 했지만, 제안이나 의논, 칭찬, 격려, 부탁 등 다양한 소통법을 구사해 그야말로 소통의 정석을 보여주었다.

정일당은 윤광연에게 '~하는 게 어떻겠습니까?', '~하면 어떨까요?'라고 제안하는 형식으로 얘기하곤 했다. 그렇게 하면 일방적인 지시나 명령과 달리 상대방의 기분을 상하게 하지 않고도 뭔가를 하도록 유도할 수 있기 때문이다.

또한 정일당은 '~에 대해 어떻게 생각하는지요?'라고 상대방과 의논하는 형식으로 소통했다. 예컨대 다음의 쪽지편지를 살펴보자.

오늘 아침에 어떤 노파가 쌀 한 말과 고기 몇 근을 가지고 왔습니다. 그 까닭을 물으니 대답하기를 "지난번 교외로 나가다가 무뢰배들에게 구타를 당했는데, 마침 선생(윤광연)께서 지나가시므로 말 앞에서 울며 하소연했더니, 선생께서 엄한 말씀으로 그들을 꾸짖어 곤욕을 면했습니다. 은혜를 입은 것이 깊어서 이것으로 성의를 표하고자 합니다."

그때 사랑채에 손님들이 와 있어 바로 얘기하지 못하고 내가 그냥 돌려주니, 노파가 굳이 받으려 하지 않았습니다. 그래서 내가 말하기를 "선생께서는 예전에 7일이나 양식이 떨어져도 천금의 돈을 물리쳤다네. 지금 어찌 그대의 물건을 받겠는가?" 하였더니, 노파가 탄식하며 쌀과 고기를 가지고 돌아갔습니다. 그가 비록 성의로써 바치는 것이기는 하지만 우리가 그것을 받으면 대가를 위해 은혜를 파는 듯한 혐의가 있으므로 이와 같이 조치했습니다. 어떻게 생각하는지요?

어떤 노파가 은혜를 갚기 위해 가져온 물건을 정일당이 잘 타일러서 돌려보낸 이야기를 하면서, 그러한 조치를 어떻게 생각하는지 물어보는 형식으로 소통하고 있다. 또한 이 편지를 통해 윤광연은 무뢰배들조차 고개를 숙일 정도로 학식과 덕망을 갖춘 사람이었음을 알 수 있다.

나아가 정일당은 남편이 잘한 점에 대해서는 아낌없이 칭찬하는 형식으로 소통했다.

몇 년 전에 참판을 지낸 이우재 공께서 북경으로 갈 때 아들의 공부를 부탁했으나, 당신이 굳이 사양하고 세자시강원 진선을 지낸 오희상에게 소개했습니다. 또 일전에 수십 명의 시골 선비들이 과거시험을 보러 와서 당신의 명성을 듣고 다투어 예물을 가지고 오고 선물도 매우 많았으나, 당신은 굳이 사양하고 받지 않았습니다. 위의 몇 가지 일은 과연 모두 잘 처리한 것입니다. 첫째는 내가 남에게 줄 만한 훌륭한 덕이 없으면서 주제넘게 남의 정중한 부탁을 받을 수 없다는 것이고, 둘째는 그들의 성의가 어떠한 것인지도 잘 알지 못하면서 갑자기 선물을 받을 수 없다는 것입니다. 이것은 비록 지난번 얘기한 것과 모순되는 것 같지만 사리에 있어서는 현격한 차이가 있는 것입니다.

윤광연은 참판이 아들의 공부를 부탁하거나 과거시험을 보러 온 시골 선비들이 다투어 예물을 갖고 찾아올 정도로 상당한 명성이 있었다. 그럼에도 매번 자만하지 않고 정중히 거절하곤 했는데, 정일당은 지금 그 겸손함을 칭찬하고 있는 것이다.

뿐만 아니라 정일당은 남편에게 용기와 의욕을 북돋아주는 격려 형식으로 소통했다.

> 나는 일개 아녀자로서 몸은 집 안에 갇혀 있고 배운 것도 아는 것도 별로 없으나, 그래도 바느질하고 청소하는 여가에 옛 경서와 고전을 읽으면서 그 이치를 궁리하고 옛사람들의 행실을 본받아 성현들의 경지에 이르려고 작정하고 있습니다. 하물며 당신은 대장부로서 뜻을 세워 학문을 하면서 스승을 모시고 좋은 벗들과 사귀고 있으니, 부지런히 노력하여 앞으로 나아가면 무엇을 배우든지 능하지 못하겠으며, 무엇을 강론하든지 해명하지 못하겠으며, 무엇을 실천하든지 이루지 못하겠습니까? 인의를 실천하고 바른 마음을 세워서 성현을 배운다면 누가 그것을 제지하겠습니까? 성현도 대장부이며 당신도 대장부입니다. 무엇이 두려워서 하지 않겠습니까? 부디 바라건대 날마다 덕을 새롭게 해서 반드시 성현이 되기를 기약하소서!

정일당은 사내대장부로서 훌륭한 스승을 모시고 좋은 벗들과 사귀고 있으니 당신도 얼마든지 성현이 될 수 있다고 남편을 격려한다. 특히 정일당은 "성현도 대장부이며 당신도 대장부입니다"라고 과감하게 말하며 윤광연에게 자신감을 심어주고 있다.

또 정일당은 '~해준다면 매우 고맙겠습니다'라고 정중하게 부탁하는 형식으로 소통했다.

듣건대 승지 이진연 공께서 지은『용학차의』는 바로 판서 홍석주 공과 함께 강론한 것인데, 그 뜻이 두루 자세하다고 합니다. 또한 그분이 지은『산야문답』은 폭넓고 핵심적인 지식을 담은 것이어서 세상에 쓸 만한 것이라고 합니다. 조만간 빌려다 보여주면 매우 좋겠습니다.

우리 집 정원 안의 '평온대(平穩臺)'란 이름은 세마 이도중 공께서 지으신 것입니다. 지형이 울퉁불퉁하고 고르지 않은데도 평온이라고 하였으니 특별한 뜻이 담겨 있는 것 같습니다. 다시 만날 때 물어봄이 어떨까요?

은진 심문영 공은 마음을 비우심이 탄복할 만합니다. 목사 임로와 군수 이형수, 진사 심홍모 공이 연달아 찾아갔는데, 연구하시는 것이 어떤 책이며 토론하는 것은 어떤 내용일까요? 반드시 참고할 만한 것이 많을 터이니 베껴다 보여주면 다행이겠습니다.

이렇게 정일당은 필요하거나 궁금한 것이 있으면 남편에게 거리낌 없이 부탁하여 해결하곤 했다. 특히 그녀는 당시 남성 학자들의 동향을 훤히 꿰뚫고 있을 정도로 대범한 여인이었던 듯하다. 또한 정일당이 부탁을 자주 하는 것을 보면, 윤광연도 별로 개의치 않고 흔쾌히 들어주었던 듯하다. 과연 두 사람은 진정한 인생 동반자였던 것이다.

이와 같이 정일당은 수많은 쪽지편지를 통해 남편 윤광연의 멘토 역할을 해주었다. 어찌 보면 쪽지편지는 아내의 잔소리와도 같은 것인데, 신기하게도 전혀 잔소리처럼 들리지 않는다. 왜냐하면 정일당은 상대방을 배려하고 존중하는 다양한 소통법을 구사하고 있기 때문이다. 그녀는 자신에겐 엄격하지만 남에겐 관대한 진정한 유학자였다.

윤광연 역시 만만치 않은 인물이었다. 남존여비 의식이 강한 시대였음에도 불구하고 항상 아내의 조언과 충고를 겸허히 받아들이는 것을 보면 마음이 대단히 넓은 사람이었던 듯하다. 윤광연이야말로 아내를 진심으로 존중하고 사랑하는 사람이었던 것이다.

아내의 문집을 간행한
보기 드문 남편

정일당은 만년에 병으로 신음하다가 1832년에 61세의 나이로 세상을 떠났다. 죽기 전날에 윤광연이 들어가 보고 눈물을 흘리자, 정일당은 단호한 목소리로 이렇게 말했다.

"죽고 사는 것은 천명에 달린 것이니 어찌 슬퍼할 필요가 있겠습니까? 당신은 의연하십시오."

정일당의 죽음 소식을 들은 이웃 사람들은 모두 목을 놓아 울었다. 문하에 있던 학도들을 비롯한 수십 명의 사람들이 집으로 몰려와 흰 띠를 두르고 큰 소리로 곡을 했다. 윤광연도 몹시 애통해했는데, 보다 못한 어떤 이가 그에게 물었다.

"그대의 슬퍼함이 너무 심하도다. 이제 홀아비가 되어 살자니 신세가 처량해서 그런 것인가? 아니면 가난해서 빈소를 차리고 제사를 지내는데 예법대로 하지 못해서인가? 어찌 그리도 지나치게 슬퍼하는가?"

그러자 윤광연이 대답했다.

"그렇지 않다! 내가 어찌 그것 때문에 슬퍼하겠는가? 다만 나의 스승이 죽었으니, 앞으로 의심나는 것이 있어도 누가 그것을 풀어주겠는가? 내가 하고 싶은 것이 있더라도 누가 그것을 도와주겠는가? 내게 잘못이 있더라도 누가 그것을 바로잡아주겠는가? 내게 허물이 있더라도 누가 그것을 훈계해주겠는가? 지극히 타당하고 바른 논의와 오묘한 뜻을 어디서 듣겠는가? 심신을 수양하고 품성을 닦는 방도를 어디서 배우겠는가? 내가 큰 과오를 면할 수 있었던 것은 우리 부모의 가르침 때문이고, 스승과 벗으로부터 훈도를 받는 것도 있으나, 그중에서도 가장 큰 공은 역시 부인이었다. 이제 부인이 나를 두고 떠나니, 마치 닻을 잃은 배와 같고 길잡이 없는 장님과 같다. 멋대로 흔들리며 의지할 곳이 없고 이리저리 넘어지며 갈 곳이 없다. 이것이 내가 심하게 슬퍼하는 이유로다."

그러고는 경기도 광주 청계산 동쪽 선영에 아내를 안장했다.

정일당이 세상을 떠난 지 4년 후인 1836년에 윤광연은 아내의 문집 『정일당유고』를 간행했다. 당시의 가부장제 사회에서 아내의 문집을 간행하는 것은 보기 드문 일이었고, 결코 쉬운 일도 아니었다.

윤광연은 먼저 비단상자 속에 들어 있던 정일당의 시문을 모아 정리하여 작은 책자로 만들고, 그 제목을 '정일당유고'라 지었다. 그런 다음 주변의 유명한 문사들을 찾아다니며 서문과 발문, 행장, 묘지명 등을 써 달라고 부탁했다. 그렇게 하면 문집이 더욱 빛날뿐더러 많은 사람에게 공인을 받을 수 있기 때문이다. 당연히 사람들은 그에게 핀잔을 주기 일쑤였다.

"부인의 글은 감춰두고 드러낼 것이 아니네!"

그러자 윤광연은 당당하게 말했다.

"그것을 영구불변하게 보전하여 길이 후세에 귀감으로 삼으려는 것이니 어찌 그만둘 수가 있겠는가?"

윤광연은 남의 말에 개의치 않고 기어코 재산을 써가며 그 문집을 목활자본으로 간행했다. 공식적인 책으로 출판한 것이다. 덕분에 강정일당은 영원히 살 수 있게 되었다.

04 영혼을 매료시킨

감성적 소통의 대가, 이순신

이순신은 한국 역사상 최고의 장수로 손꼽힌다. 현재 이순신 동상이 서울 광화문 광장에 세워져 있을 정도로, 이순신은 오늘날에도 가장 위대한 영웅이자 가장 존경받는 인물 중 한 사람이다. 또한 일본과 중국, 영국 등 외국에서도 최고의 장수로 인정받고 있다. 특히 영국 최고의 해군 영웅 넬슨 제독보다도 더 용맹하고 지혜롭고 성실한 장수로 평가받고 있으며, 1592년 한산도 대첩은 살라미스 해전, 칼레 해전, 트라팔가르 해전과 더불어 세계 4대 해전 중 하나로 꼽힌다.

하지만 이순신의 인간적 면모와 소통 능력에 대해 아는 사람은 그리 많지 않은 듯하다. 세계 최고의 장수이기 이전에 한 집안의 아버지, 남편으로서의 '인간 이순신'은 과연 어떤 모습이었을까?

이순신은 전쟁터에선 엄격하고 철두철미했으나, 개인적으론 매우 섬세하고 따뜻한 인간미를 가지고 있었다. 그의 인간적 면모를 가장 잘 보여주는 것이 정유재란 때 셋째 아들 이면을 잃었을 때의 모습이 아닐까 한다. 『난중일기』에 따르면, 이면은 아산 본가에서 왜적과 싸우다가 전사했다. 이 소식을 들은 이순신은 날마다 몹시 애통해했다.

1597년 10월 14일 새벽 이순신은 꿈속에서 셋째 아들 이면을 보고 이상한 느낌을 받는다.

> 새벽 2시쯤 꿈에 내가 말을 타고 언덕 위를 가다가 말이 발을 헛디뎌 냇가에 떨어지긴 했으나 거꾸러지지는 않았는데, 끝에 아들 면이 엎디어 나를 안는 것 같은 형상을 보고 깨었다. 무슨 징조인지 모르겠다.

아니나 다를까. 이날 저녁 집에서 편지가 왔는데 아들 면이 전사했다는 것이다. 이순신은 그 소식을 듣자마자 목 놓아 통곡한다.

> 저녁에 어떤 사람이 천안으로부터 와서 집안 편지를 전하는데, 봉투를 뜯기도 전에 뼈와 살이 먼저 떨리고 정신이 혼란해졌다. 겉봉을 대강 뜯고 둘째 아들 열의 글씨를 보니 거죽에 '통곡' 두 자가 쓰여 있어 면의 전사를 알고 간담이 떨어져 목 놓아 통곡하였다. 하늘이 어찌 이다지도 인자하지 못하신고. 간담이 타고 찢어지는 것 같다. 내가 죽고 네가 사는 것이 이치에 마땅한데, 네가 죽고 내가 살았으니 이런 어긋난 일이 어디 있을 것이냐. 천지가 깜깜하고 해조차 빛이 변했구나. 슬프다, 내 아들아. 나를 버리고 어디로 갔느냐. 남달리 영특하기로 하늘이 이 세상에 머물

러 두지 않는 것이냐. 내가 지은 죄 때문에 앙화가 네 몸에 미친 것이냐. 내 이제 세상에 살아 있은들 누구에게 의지할 것이냐. 너를 따라 같이 죽어 지하에서 같이 지내고 같이 울고 싶건마는 네 형, 네 누이, 네 어머니가 의지할 곳이 없으므로 아직은 참고 연명이야 한다마는 마음은 죽고 형상만 남아 있어 울부짖을 따름이다. 하룻밤 지내기가 1년 같구나.

이후 주변 사람들이 계속 위문하러 찾아오고, 이순신은 날마다 비통해하다가 5일 후인 10월 19일 결국 비통함을 이기지 못해 코피를 한 되나 쏟고 만다.

어두울 무렵에 코피를 한 되 남짓이나 흘렸다. 밤에 앉아 생각하고 눈물짓고 하였다. 어찌 다 말하랴. 이제는 영령이라 불효가 여기까지 이룰 줄을 어떻게 알았으랴. 비통한 마음에 가슴이 찢어지는 듯하여 누를 길이 없다.

이렇게 인간 이순신은 매우 섬세하고 마음이 여린 사람이었다.

또한 이순신은 시나 일기, 편지, 장계 등 많은 글을 써서 사후에 『충무공이순신전서』를 남길 정도로 문무를 겸비한 인물이었다. 바로 위에서 잠깐 보았듯이 문학적 표현에도 뛰어난 명문장가였다. 다시 말해 이순신은 소통 능력도 매우 뛰어났던 것이다. 특히 그는 무인의 이미지와 달리 문학적 표현을 잘 구사하는 이른바 '감성적 소통의 대가'였다. 이러한 면모는 그의 편지에서 잘 나타난다.

타고난
무인 기질

이순신(1545~1598)은 아버지 이정과 어머니 초계변씨 사이에서 4남 중 셋째 아들로 태어났다. 인종 1년 (1545) 서울 건천동(지금의 중구 인현동 부근)에서 태어나 어린 시절을 보냈다. 유성룡과 친구였으며, 공교롭게도 평생의 숙적인 원균과도 한 동네에서 살았다고 한다. 그러니까 이순신, 유성룡, 원균은 모두 어렸을 때 한 동네에서 살았던 것이다. 하지만 당시 이순신의 집안은 많이 기울어져 있어서, 외가인 충남 아산군 염치면 백암리로 이주해야 했다.

이순신은 스물한 살 때 상주방씨(온양방씨)와 결혼했다. 장인은 보성군수를 지낸 방진이었다. 이순신은 방씨와의 사이에서 이회(1567년생), 이열(1571년생), 이면(1577년생) 등 세 아들과 딸 하나를 두었다. 이순신은 첩과의 사이에서도 서자 둘과 서녀 둘을 두었다고 한다.

결혼 후 장인 방진은 이순신에게 중요한 역할을 했다. 원래 이순신은 체구가 크고 어릴 때부터 활을 잘 쏘고 말도 잘 타는 무인으로서의 위용을 갖추고 있었다. 또 겉으로는 근엄한 선비였으나 속으로는 담력이 세서 웬만한 일에는 겁을 먹지 않았다고 한다. 무관 출신이었던 장인은 그러한 이순신의 무인 기질을 알아보고 격려와 후원을 아끼지 않으며 그를 무관으로 키우기 시작했다.

이순신은 스물여덟 살 때 비로소 무과시험에 응시했으나 안타깝게도 달리던 말이 거꾸러지는 바람에 낙방하고 말았다. 그럼에도 계속 무예를 닦아 4년 뒤인 1576년에 마침내 무과에 합격했다. 이후 관직에 나아가 함경도 동구비보의 권관(종9품 무관벼슬), 훈련원 봉사(종8품), 전라도 고흥의 발포 만호(종4품) 등을 지냈다.

이순신이 유명해지기 시작한 것은 40대 후반이었다. 그의 나이 47 세인 1591년에 전쟁이 일어날 것이란 소문이 떠돌기 시작했다. 일본에 통신사로 갔던 김성일은 전쟁이 일어나지 않을 것이라고 했지만, 이미 백성들 사이에서는 전쟁이 난다는 소문이 파다했다. 그래서 선조도 이 해 2월 "서열에 관계없이 인재를 등용하라"는 명령을 내렸다. 이때 이 순신은 권율, 원균 등과 함께 장수로 발탁되었다. 이순신은 전라도 수군 절도사(각 도의 수군을 총지휘하는 정3품)로 부임했다. 어릴 적 친구이자 이조 판서였던 유성룡이 적극적으로 추천한 덕분이었다.

이듬해인 1592년 4월 13일 마침내 임진왜란이 발발하고 말았다. 대마도에 집결한 왜적은 부산진 앞바다를 향해 몰려왔는데, 500여 척 의 배에 130만 명 대군이 나눠 타고 왔다. 게다가 왜적은 포르투갈인 에게 입수한 최신 병기인 조총을 앞세우고 있었다. 엄청난 수의 군사와 신식무기 앞에 조선은 속수무책으로 당할 수밖에 없었다. 왜적들은 별 다른 저항을 받지 않고 20여 일 만에 서울에 입성했고, 북진을 거듭하 여 평양을 점령하고 함경도까지 석권했다. 그 와중에 오직 이순신만이 철저하고 강력한 공격으로 백전백승의 전투를 수행하며 곡창지대인 전 라도를 지켜내고 적의 후방을 교란했다.

〈충무공 이순신 영정〉, 현충사 소장.

승전의 비결은
소통 능력

이순신은 무예와 지략뿐 아니라 소통 능력도 뛰어났다. 전라도 수군절도사로 부임한 그는 고을 백성들, 특히 어부들을 통해 바다의 물길을 알게 되었다. 그 정보를 바탕으로 전술을 짠 덕분에 왜적을 물리칠 수 있었다. 또 수군 병사들을 비롯해서 나대용과 같은 군관들의 이야기를 듣고 거북선이나 화포 등의 무기를 개발하기도 했다. 이순신은 언변도 뛰어나서 평소 병사들을 잘 통솔하고 전쟁터에서 사기를 진작시켰다. 실제로 그는 "필사즉생 필생즉사(必死卽生 必生卽死: 반드시 죽고자 하면 살고, 반드시 살고자 하면 죽는다)", "신에게는 아직 열두 척의 배가 남아 있습니다", "나의 죽음을 적에게 알리지 말라" 같은 명언들을 남기기도 했다. 이순신이 적은 수의 병사와 무기, 배를 갖고도 왜적과 싸워 승리할 수 있었던 것은 바로 이러한 군사적 소통 능력 때문이 아니었을까 한다.

이순신은 임진왜란 이전에도 그랬지만 전쟁 중에도 많은 편지를 주고받았다. 조정의 임금이나 신하들과 주고받은 공적 편지뿐 아니라 일가친척과 주고받은 사적 편지가 지금까지 전해져오고 있다. 이 같은 한문 편지에는 이순신의 섬세하고 따뜻한 모습과 감성적 소통 능력이 잘 드러나 있다.

이순신은 한글 편지도 많이 썼던 듯한데, 현재까지 남아 있는 게 없어 못내 아쉬울 따름이다. 실제로 『난중일기』를 보면 아내 방씨와 자주 한글 편지를 주고받았음을 알 수 있다.

당대 최고의
작가!

　　　　　　　　　　먼저 이순신의 사적 편지 가운데 1593년 7월 16일 지평 현덕승에게 보낸 편지부터 살펴보자. 현덕승은 천안 출신으로 이순신의 어머니 변씨 쪽 일가친척으로 추정된다. 그는 1590년 과거에 급제하고 1593년경 사헌부 지평(정5품)이 되었으며, 이후로도 전공을 세워 여러 곳의 수령을 지낸 인물이다. 이달 초에 현덕승은 위로의 편지와 함께 적잖은 선물을 보내왔는데, 이순신이 그에 대한 감사의 편지를 써서 보낸다.

> 임금께서 병환이 쾌차하심은 신하와 백성들의 즐거움이라 기쁜 마음을 무엇으로 다 말하오리까. 난리를 치른 나머지라 그리움이 간절하더니, 뜻밖에 이번 하인이 오는 편에 이달 초승에 띄운 글월을 받고 바삐 뜯어 읽어보니 반가운 정이 여느 때보다 더 간절하온데, 하물며 종이에 가득 쓰신 사연이 정중하기까지 함이리까.
>
> 가을바람이 들판으로 불어드는 이때에 엎드려 살피옵건대 기거에 더 보중하시온지 여러 말씀 드릴 길이 없습니다. 저는 괴로운 진중에서도 나라의 은혜가 망극하여 벼슬자리가 정헌에 오르니 감격스럽기 그지없습니다. 가만히 생각해보면 호남 지방은 나라의 울타리라 만일 호남이 없으면 그대로 나라가 없어지는 것입니다. 그래서 어제 진을 한산도로 옮겨 치고 바닷길을 가로막을 계책으로 있습니다.

이런 난리 중에서도 옛정을 잊지 않으시고 멀리서 위로해주시며 겸하여 여러 가지 선물까지 받으니 모두 다 진중에서는 진귀한 물건으로 깊이 감사하여 마지않습니다.

어느 날에나 전쟁을 끝마치고 평소에 함께 따라 놀며 정회를 실컷 풀어보오리까. 편지를 쓰려고 하니 부질없이 슬픈 생각만 간절할 뿐 남은 말씀은 마음이 산란하여 이만 줄입니다.

1593년 7월 16일 척하 이순신 배수(拜手)

전쟁터의 장수답게 이순신은 먼저 임금의 안부부터 언급하고 있다. 그러고는 뜻밖의 위로 편지와 함께 귀한 선물을 보내준 것에 대해 깊은 감사의 인사를 전하고 있다. 이후에야 자신의 소식을 전하고 있는데, 진중에서 정헌대부(정2품)에 올랐지만 왜적으로부터 전라도를 지켜내야 한다는 부담감으로 마음이 편치 않다고 말한다. 또 어제 진지를 한산도로 옮겼다는 군사기밀까지 말하는 걸 보면 두 사람은 매우 가까운 사이였던 듯하다.

이 편지에 나타난 이순신의 소통법으로는 무엇보다 '겸손함'을 들 수 있다. 그는 자신보다 무려 스무 살 넘게 어린 현덕승에게 시종일관 예의를 갖춰 정중하면서도 친밀하게 얘기하고 있다. 심지어 편지 말미에서는 "척하(성이 다른 친척에게 자기를 겸손하게 일컫는 말) 이순신은 두 손 모아 절합니다"라고 자신을 최대한 낮추어 인사하고 있다. 촌수가 더 낮아서 그럴 수도 있겠지만, 이순신은 예를 중시하고 겸손한 성품을 가졌음을 알 수 있다.

또한 이순신은 명문장가였다. 그의 편지는 당대 최고의 작가가 썼다고 해도 과언이 아닐 정도로 대단히 문학적이고 감상적이다. 특히 "가을바람이 들판으로 불어드는 이때에" 같은 시적 표현은 읽는 이로 하여금 자신도 모르게 깊이 빠져들게 한다. 이 같은 매력적인 소통 능력은 아마도 섬세하고 따뜻한 마음에서 나오는 것이 아니었을까 한다.

한 편의 시 같은 감사 편지

　　　　　　　다음으로 이순신의 사적 편지 중 감역 현건에게 보낸 두 통의 편지를 살펴보자. 감역은 선공감의 종9품 벼슬로, 주로 토목이나 건축 공사를 감독하던 관직이었다. 현건(1572~1656)은 전라도 영암 사람으로, 감역과 군자감 주부(종6품)를 지냈다. 이순신이 편지에서 자신을 '척제(戚弟: 성이 다른 일가 가운데 아우뻘이 되는 사람)'라고 말하는 것으로 보아, 그는 외가 쪽의 가까운 일가친척으로 추정된다. 현건은 이순신이 부친상과 모친상을 당할 때 모두 부의를 보내왔는데, 그때마다 이순신은 잊지 않고 감사의 답장을 보내곤 했다. 그중 1585년 1월 아버지의 부의에 감사해하는 편지부터 살펴보자.

> 안부 말씀 줄입니다. 죄도 많고 병도 잦아서 인사 왕래를 끊었으니 편지 같은 것은 본시부터 폐해버렸습니다. 더구나 천리 길이 서로 막혀 소식을 들을 수 없으니 생각만이 걸려 있어 다만 마음속에 슬픈 감회뿐입니다.
> 뜻밖의 인편이 있어서 별지의 위문을 받들고 또 자상한 사연을

읽게 되니, 서로 만나 이야기하는 것과 같아 위로됨이 과연 어떻다 하오리까. 더욱이 정양하시는 몸이 연래로 많이 좋아졌다고 하시니 기쁜 마음 비할 곳이 없습니다. 부의(賻儀)로 각종 물품을 보내셔서 이처럼 넉넉히 도와주시니 은덕을 깊이 느끼오며 보답할 바를 모르겠습니다. 저는 못난 목숨을 아직까지 끌고 있으나 해가 바뀌니 천지에 울부짖어 다만 스스로 피눈물을 흘릴 따름입니다. 다만 장사를 모신 산소가 가까워 얼마쯤 정리에 맞으니 이제는 죽어도 가히 한이 없습니다.

남쪽을 바라보니 아득하기만 할 뿐 호소할 길이 없으니, 이 생애에 언제나 다시 만날 때가 있을는지요. 생각할수록 슬프기만 합니다. 병이 심하여 할 말을 다 못 쓰고 다만 몸을 보호하시와 이곳의 소망에 맞추어주시기를 빌 뿐입니다. 정신이 혼미하여 말에 두서가 없습니다.

1585년 1월 13일 죄인 이순신

1583년 7월, 서른아홉 살의 이순신은 함경도 병사의 군관이 되어 오랑캐를 토벌하는 공을 세웠다. 그리하여 그해 11월 훈련원 참군으로 승진하는데, 얼마 안 있어 부친 이정의 죽음 소식을 들었다. 이순신은 서둘러 고향으로 내려가 상복을 입고 삼년상을 지냈다.

이 편지는 부친의 삼년상을 지내던 도중 일가친척인 현건에게 보낸 것이다. 그래서인지 예를 중시하는 이순신이지만 첫 마디부터 "안부 말씀 줄이옵니다"라고 양해를 구한다. 이어서 "죄도 많고 병도 잦아서", "못난 목숨을 아직까지 끌고 있으나", "죄인 이순신"이라고 하면서 자신을 아버지를 잃은 죄인이라 표현하고 있다. 이순신의 효심이 얼마나 깊었는지 알 수 있다.

이 편지에서도 이순신은 겸손하고 친근한 태도를 보이고 있다. 자신보다 스물일곱 살이나 아래인 현건이었건만, 이순신은 상중이라 자주 연락 못해 죄송하다거나 뜻밖의 편지와 부의를 보내주어 감사하기 그지없으며 정신이 혼미하여 문장이 형편없다고 말한다.

이 편지 역시 마치 한 편의 시처럼 감성적인 언어로 표현되어 있다. 그래서 애써 감정을 억누르고자 해도 어느새 비집고 올라와 나도 모르게 슬픈 마음이 들게 한다.

현건은 이순신이 모친상을 당할 때에도 부의를 보내왔다. 이순신의 나이 53세인 1597년 1월 왜적이 다시 침입하는 정유재란이 일어나고, 그해 4월에 어머니가 세상을 떠났다. 안타깝게도 이순신은 그해 2월 무고로 하옥되었다가 7월에 다시 삼도수군통제사가 되었다. 이듬해인 1598년 2월에 이순신은 진지를 완도 고금도로 옮겨갔으며, 그곳에서 현건이 보낸 부의를 뒤늦게 받고서 급히 감사의 편지를 보낸 것이다.

> 어제 막 이곳에 왔습니다. 형이 계시는 고을과 그리 멀지 않은 사이이므로 혹시 소식을 들을 길이 있으려니 하였더니, 마침 먼저 보내주신 안부를 듣게 되었습니다.
> 비록 편지는 오래전에 내신 것이었지만 그리움은 새롭습니다. 살피옵건대 봄 날씨는 화창한데 존체 더욱 강녕하신지요? 척제 (이순신)는 오랜 동안 전쟁터에 있어 수염과 머리가 모두 희어졌습니다. 훗날 서로 만나면 지난날 아무개로는 알아보지 못하리

이다.

어제 고금도로 진지를 옮겼사온데 순천에 있는 왜적과는 불과 100리 사이의 진지이므로 걱정스러운 형상이야 무슨 말로 다 적으리이까?

지난 1591년 제가 진도 고을의 군수로 임명되었을 적에 형의 댁 앞을 지난 일이 있은 뒤로 매양 영암의 구름과 숲의 아름다운 경치를 그려보지 아니한 적이 없었습니다.

이런 병란 중에도 의(義)를 잊지 않고 위문해주시고 또 겸하여 여러 가지 선물까지 보내시니 모두 다 진중에서는 보기 드문 것들입니다. 그러나 정이란 물품에 있는 것이 아니옵고, 형의 평소 학문의 공적을 이것으로써 볼 수 있는 일이라 생각하며 깊이 감사할 따름입니다. 분주하여 대강 이만 쓰겠습니다.

1598년 2월 19일 척제 이순신이 올립니다.

이 편지에서는 부친상을 당했을 때에 비해 훨씬 차분하고 담담한 어조로 얘기하고 있다. 우선 어제 완도 고금도로 진지를 옮겼는데, 순천에 있는 왜적과는 불과 100리 거리라고 했다. 이순신은 걱정스럽다고 말하지만 속으론 대범하게 받아들이고 있다. 심지어 가벼운 농담까지 건네는데, 오랫동안 전쟁터에 있다 보니 수염과 머리가 다 희어져 나중에 만나면 알아보지 못할 수도 있다고 말한다. 그러고는 다시 예를 갖추어 이런 병란 중에도 위로 편지와 함께 선물을 보내주어 깊이 감사드린다고 했다.

어느덧 노년인 54세가 되어서인지 이순신은 내적으로 더욱 단단해지고 성숙해져 있다. 이전의 편지가 감성적인 느낌을 주었다면, 이 편지는 좀 더 진중한 느낌을 준다. 물론 "비록 편지는 오래전에 내신 것이지만 그리움은 새롭습니다", "살펴옵건대 봄 날씨는 화창한데", "정이란 물품에 있는 것이 아니옵고" 등 문학적이고 감성적인 표현은 여전하지만, 이전의 편지에 비해 상대적으로 안정되고 진중한 느낌을 준다.

이 편지에서 이순신은 어딘지 모르게 생사를 초월한 듯한 느낌을 준다. 실제로 이순신은 그해 11월 19일 노량해전에서 전사했다.

유성룡에게 보낸
기밀 편지

한편 이순신은 임진왜란 도중 조정의 신하들과 끊임없이 공적 편지를 주고받았다. 먼저 유성룡에게 보낸 기밀 편지부터 살펴보자. 앞에서 말했듯이 유성룡은 어릴 적 친구이자 이순신을 전라도 수군절도사로 추천한 사람이었다. 임진왜란이 일어난 1592년 6월 7일 이순신은 율포해전에서 적선 70여 척을 격파했으나, 안타깝게도 왼쪽 어깨에 총알이 관통하는 부상을 입고 만다. 그는 이 사실을 당시 병조판서였던 유성룡에게 알리면서 또다시 출정 날짜를 묻는다.

살피지 못한 동안 기운 어떠하십니까. 전일에 두 번이나 주신 글을 받고 나아가 뵙고 겸하여 적을 토멸하는 방략도 아뢰려 하였으나, 접전할 때에 스스로 조심하지 못하여 적의 탄환에 맞아 비록 사경에는 이르지 않았사오나, 어깨뼈를 깊이 상한 데다가 또 언제나 갑옷을 입고 있으니 상한 구멍이 헐어서 궂은 물이 늘 흐르기로, 밤낮 없이 뽕나무 잿물과 또는 바닷물로써 씻건마는 아직 쾌차하지 못하여 민망스럽습니다. 군사들을 거느리고 출정할 날이 언제입니까? 국사가 급급하게 되었는데 병이 이와 같아 북쪽을 바라보며 길이 통탄할 따름입니다.

그런데 이 지방의 민심이 한 번 징병한다는 소문을 들으면 모두 달아날 꾀만 생각하고, 또 바닷가 사람들은 물길을 따라 서쪽으로 가기만 하면 다시 돌아오기가 어려울 것이요, 그에 따라 이 지방을 지킬 이가 없어 적의 소굴이 될 뿐 아니라 부모와 처자들을 다시 보지 못할 것이라 하여 인심의 흩어짐이 극도에 이르렀으니 이것을 무엇으로 수습하오리까?

이 편지에선 무엇보다 이순신의 책임감이 돋보인다. 그는 전투 중 적의 총탄에 맞아 어깨뼈에 부상을 입었을 뿐 아니라 상처 부위가 헐어서 늘 진물이 흐르는 상태였다. 날마다 뽕나무 잿물과 바닷물로 치료해 보지만 쉽게 나을 리 만무했다. 그럼에도 이순신은 "군사들을 거느리고 출정할 날이 언제입니까?"라고 출정 날짜를 묻고 있다. 전쟁에 임하는 진정한 장군의 모습이요, 조정의 입장에선 한없이 믿음직스러운 충신이었을 것이다. 그런 다음 이순신은 군사들의 상황을 솔직히 전달하고 있는 것으로 보아 아마도 이 편지는 일종의 '기밀 편지'였던 듯하다. 편지의 뒷부분이 없어져서 못내 아쉬울 뿐이다.

이 편지에서도 이순신 특유의 겸손함이 잘 나타나 있다. 특히 그는 부상을 입은 것을 두고 "접전할 때에 스스로 조심하지 못하여"라고 전적으로 자기 탓으로 돌리고 있다.

상사를 설득한 감동적인 휴가 요청서

1596년 10월경 이순신은 체찰사 이원익에게 휴가를 요청하는 편지를 보냈다. 체찰사란 내란이나 전쟁 같은 비상시에 설치하는 임시 직책으로, 지방에 파견되어 군령 체계를 총지휘하던 사람이다. 오리 이원익은 당시 우의정 겸 4도 체찰사를 맡고 있었다.

정유재란 직전인 1596년에 전쟁은 잠시 소강상태에 들어갔다. 그때 이순신의 어머니는 아산에서 순천으로 내려와 피난살이를 하고 있었는데, 어느덧 연세가 여든한 살이었고, 전쟁통에 서로 얼굴을 못 본 지도 벌써 3년이나 되었다.

지난 1594년 1월 11일 이순신은 잠시 배를 타고 어머니를 찾아가 뵈었는데, 기운이 가물가물하여 살날이 얼마 남지 않은 듯했다. 전쟁 상황이라 바로 다음 날 하직하고 돌아올 수밖에 없었는데, 그때 어머니는 "잘 가거라. 나라의 치욕을 크게 씻어라"라고 두 번 세 번 되풀이하며 조금도 이별을 슬퍼하지 않았다. 그런데 얼마 전 어머니가 하인을 통해 편지를 보내기를 "죽기 전에 네 얼굴을 한 번 보고 싶구나"라고 했다. 이에 이순신이 잠시 한가한 틈을 타서 어머니를 뵙고자 체찰사 이원익에게 휴가 요청서를 보낸 것이다.

살피건대 세상일이란 부득이한 경우가 있고 정에는 더할 수 없이 간절한 대목이 있는데, 이러한 정으로써 이러한 경우를 만나면 차라리 나라 위한 의리엔 죄가 되면서도 할 수 없이 어버이를 위하는 사정으로 끌리는 수도 있는 듯합니다. 저는 늙으신 어머니가 계시어 올해 여든하나이온데, 임진년 첫 무렵에 모두 함께 없어질 것을 두려워하여 혹시 구차하게라도 목숨을 보전해볼까 하고 드디어 뱃길로 남쪽으로 내려와 순천 땅에서 피란살이를 하였사온바, 그때에는 다만 모자가 서로 만나는 것만으로써 다행으로 여겼을 뿐 다른 아무것도 생각할 여유가 없었습니다. 그러나 이듬해 계사년에는 명나라 군사들에게 휩쓸려 적들이 숨고 도망가니, 이는 정히 떠돌던 백성들이 모두 제 고장을 그리워할 때가 되었던 것입니다. 그러나 하도 음흉한 적들이라 속임수가 많고 온갖 꾀를 다 부리니, 한 모퉁이에 모여 진을 치고 있는 것이 어찌 예사로운 일이겠습니까. 만일 다시 무지하게도 쳐서 일어나면 그대로 어버이를 주린 범의 입속에 넣는 격이 되겠기로, 얼른 돌아가지 못한 채 그럭저럭 오늘에 이르렀습니다. 그러나 저는 원래 용렬한 재목으로 무거운 소임을 욕되이 맡아 일에는 허술히 해서는 안 될 책임이 있고 몸은 자유로이 움직일 수 없어 부질없이 어버이를 그리워하는 정곡만 더할 뿐이요 자식을 걱정하시는 그 마음을 위로해드리지 못하는바, 아침에 나가 미처 돌아오기만 안 해도 어버이는 문 밖에 서서 바라본다 하거늘 하물며 못 뵈온 지 3년째나 됨이리까. 얼마 전 하인 편에 글월을 대신써 보내셨는데, "늙은 몸의 병이 나날이 더해가니 앞날인들 얼마나 되랴. 죽기 전에 네 얼굴을 한 번 보고 싶다" 하였더이다. 남이 들어도 눈물 날 말씀이거늘 하물며 그 어머니의 자식 된 사람이오리까. 그 기별을 듣잡고는 가슴이 더욱 심란할 뿐 다른 일엔 마음이 내키지 않습니다.

제가 지난날 계미년에 함경도 권관으로 있을 적에 선친이 돌아가시어 천리를 분상한 일이 있었사온바, 살아 계실 때 약 한 첩을 못 달여드리고 영결조차 하지 못하여 언제나 그것으로 평생에 남은 한이 되었습니다. 이제 또 어머니께서 연세 이미 여든을 넘기시어 해가 서산에 닿은 듯 하온바, 이러다가 만일 또 하루아침에 다시는 모실 길 없는 슬픔을 만나는 날이 오면 이는 제가 또 한 번 불효한 자식이 될뿐더러 어머니께서도 지하에서 눈을 감지 못하실 것입니다. 생각건대 왜적들이 화친을 청함은 그야말로 터무니없는 일이며, 또 명나라 사신들이 내려온 지가 벌써 언제인데 적들은 아직껏 물 건너가는 형적이 없으니, 앞날에 닥쳐올 화란이 응당 전일보다 더 심할 듯합니다. 그러므로 이 겨울에 어머니를 찾아가 뵙지 못하면 봄이 되어 방비하기에 바쁘게 되고서는 도저히 진을 떠나기가 어려울 것이온즉, 각하는 이 애틋한 정곡을 살피시어 몇 날의 말미(휴가)를 주시면 배를 타고 한 번 찾아가 뵈면 늙으신 어머님의 마음이 조금이나마 위로가 될 수 있을 것입니다. 혹시 그 사이에 무슨 변고가 생긴다면 어찌 허락을 받았다 하여 감히 중대한 일을 그르치게야 하오리까.

이 편지는 이순신의 군사적 소통 능력을 유감없이 보여주는 그야말

로 수작(秀作)이다. 우선 그는 왜 지금 어머니를 보러 가야 하는지 그 이유와 근거를 논리적으로 설명하고 있다.

① 늙으신 어머니가 순천에서 피난살이를 하고 계시는데 근처에 음흉한 왜적들이 진을 치고 있어 늘 걱정하고 있습니다.

② 그럼에도 장수로서의 막중한 책임감 때문에 항상 걱정만 할 뿐 벌써 3년째 가보지 못했습니다.

③ 얼마 전 어머니가 편지를 보내오길 죽기 전에 꼭 한 번 보고 싶다고 간절히 말했습니다.

④ 과거 함경도 권관으로 있을 때 아버지가 돌아가셨는데, 그때도 살아생전에 약 한 첩 해드리지 못하여 평생에 한이 되었습니다.

⑤ 이제 어머니는 여든한 살이 되셨는데, 만약 이번에 어머니를 뵙지 못하면 다시는 모실 기회가 없을 것입니다.

⑥ 다행히 지금은 전쟁이 잠시 소강상태입니다. 고로 며칠 휴가를 얻어 늙으신 어머니를 뵙고 오고자 합니다. 물론 그 사이에 무슨 일이 생기면 곧장 진지로 복귀하겠습니다.

이처럼 이순신은 왜 지금 휴가를 가야 하는지 논리적으로 잘 설명하고 있다. 그와 함께 자신의 마음을 진솔하게 표현하여 더욱 감동적으로 상대를 설득하고 있다. 이것이야말로 상사를 설득하는 최고의 소통 능력이 아닐까 한다.

이에 대해 체찰사 이원익은 어떤 답장을 보냈을까. 논리적이면서도 애틋한 편지에 감동받은 그는 에둘러 휴가를 허락해준다.

지극한 정곡이야 피차에 같습니다. 이 글월이야말로 사람의 마음을 감동케 하는 것입니다. 그러나 공사에 관계된 일이므로 나로서도 얼른 가라 말라 하기가 어렵습니다.

한 마디로 알아서 적절히 휴가를 다녀오라는 것이다.

결국 이순신은 그해 10월 어머니를 찾아뵙고 장수를 축하하는 잔치를 베풀고 돌아온다. 그리고 6개월 후인 1597년 4월에 어머니는 세상을 떠난다. 이듬해인 11월 19일에 이순신도 54세의 나이로 전사한다.

이순신은 뛰어난 장수였을 뿐 아니라 글 솜씨도 훌륭한 명문장가였다. 단언컨대 이순신은 명장이 되지 않았더라면 아마 한국사 최고의 작가가 되었을 것이다.

그는 항상 예를 갖추면서도 자신의 마음을 진솔하게 표현했다. 또 무인답게 간결하고 꾸밈없는 문장을 사용하면서도 감성이 풍부한 문학적 표현을 구사했다. 그래서인지 이순신의 편지를 읽다 보면 점점 깊이 빠져들어 나도 모르게 눈물을 흘리고 만다. 실제로 대학의 수업이나 대중 강연에서 이순신의 편지를 낭독해주면 사람들은 그 시적 표현이나 안타깝고 애틋한 정서에 깊은 탄식을 내뱉거나 자신도 모르게 눈물을 흘리곤 한다. 다시 말해 이순신은 상대의 영혼까지 매료시키는 감성적 소통의 대가였던 것이다.

05

살림하는 남자,

퇴계 이황

유학자란 인과 예 등 유학을 배우고 실천하며 군자처럼 살아가는 사람을 말한다. 그래서 이들은 도덕의 사표로서 만인의 존경을 받았다. 조선시대 대표적인 유학자로는 정몽주, 김종직, 조광조, 이황, 기대승, 이이, 송시열, 임윤지당, 강정일당 등이 있었다.

그중에서도 퇴계 이황은 조선 최고의 유학자라는 명성과 함께 백자처럼 맑고 깨끗한 삶을 살았던 것으로 널리 알려져 있다. 돈이나 명예, 권력 같은 세속적인 가치를 초월한 성인과 같은 존재로 인식했던 것이다. 그래서 일찍이 1000원짜리 지폐의 모델로 등장할 정도로 많은 사람들의 추앙과 존경을 받고 있다. 하지만 최소한 편지 속의 퇴계는 일반적인 양반의 모습 그 자체였다. 학문적으론 대단했을지 모르나 인간상은 평범했다. 그러므로 한 번쯤 퇴계의 학문적 업적과 별개로 인간적인 면모도 살펴볼 필요가 있다고 본다.

〈퇴계 이황 초상화〉(표준영정), 한국은행 소장.

지적 장애인 아내에게
예를 다하다

퇴계 이황(1501~1570)은 경상도 예안 현 온계리(현재 안동시 도산면 온혜리)에서 이식과 박씨 사이의 6남매 중 막내 아들로 태어났다. 퇴계가 태어난 지 7개월 만에 아버지가 40세의 젊은 나이로 세상을 떠난 탓에 편모슬하에서 자라났다.

스물한 살 때 퇴계는 김해허씨와 결혼하여 스물세 살에 맏아들 이준을 낳고, 스물일곱 살에 둘째 아들 이채를 낳았다. 하지만 허씨는 이채를 낳고 나서 산후병으로 죽고 말았다. 그래서 서른 살에 권질의 딸 안동권씨를 재취로 맞이했는데, 그녀는 정신이 혼미한 이른바 지적 장애를 가진 여인이었다. 전해오는 말로는 당시 안동으로 귀양 온 권질이 찾아와 과년한 딸이 정신이 혼미하여 아직까지 출가하지 못했다면서 아내로 받아줄 것을 청하자, 퇴계는 별다른 거리낌 없이 승낙했다고 한다. 자신의 인품을 믿고 과년한 딸을 부탁했는데 거절하는 것은 예가 아니요, 당시엔 장애에 대한 편견과 차별 의식이 심하지 않았기 때문이다.

실제로 조선시대엔 장애에 대한 편견이 그리 크지 않아서 장애 여성과의 결혼을 심하게 꺼리지는 않았다. 단적인 예로 퇴계는 자신뿐 아니라 애제자 서해도 시각장애인 여성과 결혼하도록 중매했다. 맹인이씨라 불린 이 여성은 약식(藥食)의 달인이자 서명응, 서호수, 서유구, 서유본 등을 배출한 조선 후기 실학자 가문인 달성서씨의 선조 할머니였다.

조선시대에는 장애를 '독질', '폐질', '잔질', '병신'처럼 일종의 병으로 인식했다. 즉 단순히 몸이 아픈 개인적 차원의 장애로 본 것이지, 오늘날처럼 세상에 쓸모없고 격리되어야 하는 사회적 차원의 장애로 보지 않았다. 그래서 조선시대에는 장애인도 능력만 있다면 과거시험을 보아 정1품 정승(국무총리)까지 오를 수도 있었다. 하지만 조선 후기부터 장애에 대한 인식이 달라지기 시작했다. 조선 후기에 접어들어 본격적인 성리학 사회가 시작되고 가문이 중시되면서 집안을 유지하기 위해 장애를 가진 큰아들에게 장자의 지위를 물려주고 싶어하지 않았으며, 장애인의 직업이 무시되기도 했다.

오늘날과 같은 편견과 차별로서의 장애 문제가 본격적으로 형성되기 시작한 것은 근대, 특히 일제강점기였다. 이 시기엔 근대화와 산업화, 식민지화로 인해 장애 원인이 더욱 다양해지고 그 수도 훨씬 늘어났다. 하지만 총독부의 장애 정책은 거의 시행되지 않았고, 전통적인 장애인을 위한 직업이나 관직도 급속히 사라져갔다. 일제는 장애를 식민지 통치수단으로 이용했고(제생원맹아부는 식민지 선전수단이었다), 각종 장애인 직업과 관직을 박탈했으며, 정신장애인이나 한센인을 위험한 장애인으로 취급하여 외딴 곳에 격리했다. 또 일제강점기에 우생학이 유행하면서 장애인은 사회적으로 배제, 격리, 단종해야 한다는 믿음이 확산되었다. 그래서 장애가 하나의 핸디캡(handicap), 즉 사회적 질곡이 되고 말았다. 그 여파가 오늘날까지 이어지고 있는 것이다.

지적 장애인이었던 권씨는 자주 실수를 저질렀다. 제사상을 차리던 도중 상 위에 떨어진 배를 집어 치마 속에 감추었다거나, 흰 상복을 다림질하던 도중 잘못하여 구멍이 나자 붉은 천을 대고 기워줬다는 일화가 전해진다.

그럼에도 퇴계는 항상 권씨를 공경히 대하며 원만한 부부생활을 했다. 그의 나이 46세에 권씨가 먼저 세상을 떠났을 때에도 두 아들을 시켜 예법에 따라 장례를 치르게 하고, 친부모와 같이 적모복을 입게 했다. 또 산기슭에 여막을 지어 시묘살이를 하게 하고, 자신도 건너편에 양진암을 지어 1년여 동안 넋을 위로해주었다. 퇴계는 아무리 정신이 혼미한 아내일지라도 죽어서까지 예를 다하고자 했던 것이다.

퇴계의 제자 중에 이함형이 있었는데, 부부 사이가 매우 좋지 않았다. 이에 퇴계는 다음과 같은 편지를 보내 간곡히 충고했다. 이 편지는 『퇴계집』 권37에 실려 있는데, 그 가운데 일부만 살펴보기로 하자.

> 나는 두 번 장가를 들었는데 하나같이 아주 불행한 경우를 만났지. 이러한 처지에서도 나는 감히 박절하지 않고 애써 아내를 잘 대해준 것이 수십 년이었네. 그동안 마음이 몹시 괴로워 견디기 어려운 적도 있었네. 그래도 어찌 마음 내키는 대로 행동해서 부부간의 큰 인륜을 무시하고 홀어머님께 걱정을 끼칠 수 있었겠는가.

이처럼 퇴계는 권씨 부인이 지적 장애를 갖고 있었지만 먼저 세상을 떠날 때까지 16년 동안 변함없이 부부간의 도리를 다했다. 이함형도 그 이야기를 듣고 비로소 자신의 잘못을 깨닫고 부부관계를 회복했다고 한다.

한편 최근 연구에 따르면 퇴계 역시 성(性)에 대한 관심이 꽤 많았고 첩도 두고 있었다고 한다. 그래서인지 민간에서는 퇴계를 주인공으로 한 성적인 이야기가 유독 많이 남아 있다. 예컨대 『한국구비문학대계』에 수록된 「퇴계 선생과 그의 부인」이란 이야기를 들어보자.

퇴계 선생은 낮엔 의관을 차리고 제자를 가르쳤지만, 밤에는 부인에게 꼭 토끼와 같이 굴었다. 그래서 '낮 퇴계 밤 토끼'란 말이 생겨났다.

또한 퇴계는 첫째 부인 허씨가 아들 이채를 낳고 죽자 창원의 관비를 유모로 들여 어린 자식들을 돌보게 했다. 이후 그녀는 퇴계의 소실(첩)로 들어가 서자 '적'을 낳았고, 지적 장애가 있는 권씨 부인을 대신해 실질적인 주부 역할을 했다. 또 퇴계의 부임지나 거주지마다 따라다녔으며, 퇴계가 세상을 떠날 때까지도 생존해 있었다. 다시 말해 그녀는 퇴계의 실질적인 인생 동반자였던 것이다. 하지만 퇴계는 그녀에게 집안일을 맡긴 것은 부득이한 일이요, 후손들에게 보여줄 만한 바른 도리는 아니라고 했다. 예컨대 퇴계의 나이 58세인 1558년에 큰아들 준에게 보낸 편지의 일부를 살펴보자.

> 반듯한 사람들(부인)이 가고 나서 부득이하게 이 사람(소실)으로 하여금 집안일을 주관하게 하나 일시의 편법일 뿐이요, 가문을 세우고 후손들에게 보여줄 만한 바른 도리는 아니다.

집안일을 정실이 아닌 소실에게 맡긴 것은 결코 떳떳한 도리가 아니라는 것이다.

퇴계는 34세 때 과거에 급제하여 승문원 부정자(종9품)로 관직생활을 시작했다. 이후 10여 년 동안 홍문관 수찬과 부교리, 성균관 전적, 형조좌랑 등의 벼슬을 역임했다. 하지만 43세에 『주자대전』을 읽고 벼슬에서 물러나 학문에 매진할 뜻을 가졌고, 48세엔 은거를 준비하며 단양군수, 풍기군수 등 지방 수령이 되었다. 50세부터는 어쩔 수 없이 잠깐씩 조정에 나가 벼슬하기도 했지만, 이미 벼슬길엔 별다른 미련이 없고 고향에 은거하며 학문과 강학하는 일에만 관심을 가졌다. 실제로 그는 52세 때 홍문관 교리에 임명되어 다시 조정에 나간 뒤 사헌부 집의, 홍문관 부응교, 성균관 대사성 등 승진을 거듭했지만, 그때마다 병을 핑계로 사직하고 벼슬에서 물러나려고 했다.

노년의 퇴계가 바란 것은 재야의 학자 또는 교육자로 살아가는 것이었다. 그는 51세에 토계의 서북쪽에 계당서당을 짓고 제자들을 가르쳤는데, 이때부터 소문이 나서 많은 인재들이 몰려와 배우고자 했다. 61세에 도산서당이 완성된 후에는 주자의 학문을 바르게 정리하여 집대성하는 한편 수많은 제자들을 가르쳤다. 그래서 '동방의 주자'라 불리며 추앙을 받았다. 68세엔 「무진육조소」와 「성학십도」를 지어 선조 임금에게 바쳤으며, 1570년 1월 4일에 70세를 일기로 세상을 떠났다.

퇴계가 3000통이 넘는
편지를 쓴 이유

퇴계는 특이하게도 편지를 매우 중시했다. 그는 55세 때 『주자대전』에서 주자의 삶과 학문이 집약되어 있는 편지들을 뽑아 『주자서절요』를 편찬했다. 58세 때에는 제자와 후학들에게 보낸 편지 가운데 22통을 골라 『자성록』을 편찬한 뒤 항상 책상 위에 두고 성찰하는 자료로 삼기도 했다.

퇴계도 평생 많은 편지를 썼는데, 현재까지 남아 있는 것만 해도 무려 3000여 통이 넘는다. 퇴계의 편지는 크게 두 가지 유형으로 나눌 수 있다. 먼저 학문을 토론하는 편지다. 그는 편지를 통해 제자나 후학들에게 학문과 삶의 길을 제시해주고자 했다. 특히 편지로 학문을 토론하는 과정에서 상대방에게 권위적이거나 위압감을 전혀 주지 않았다. 비록 제자라 할지라도 자신의 의견을 겸손하게 표현하고 상대방의 말을 경청했다. 퇴계와 고봉 기대승이 100여 통이 넘는 편지를 주고받은 것은 유명한 이야기다. 퇴계는 자신보다 스물여섯 살이나 아래인 기대승의 충고에 조심하는 태도를 보이곤 했다.

다음으로 아들, 손자, 첩 등 가족과 주고받은 편지다. 퇴계는 그들에게 편지를 보내 자식교육, 집안일 등을 처리했다. 퇴계는 권씨 부인이 지적 장애를 갖고 있었기 때문에 어쩔 수 없이 집안 살림을 주관해야 했다. 그는 여자들이 주로 하는 음식을 장만하고 옷 짓는 일을 제외한 집안의 대소사를 거의 도맡아 처리했다. 특히 벼슬살이로 서울에 올라가 있거나, 아들과 손자가 객지생활을 하고 있을 때 수많은 편지를 보내 각종 집안일을 처리하곤 했다. 이처럼 퇴계는 지적 장애가 있는 부인을 대신해 안팎의 집안일을 모두 처리해야 했기 때문에 유독 많은 편지를 쓸 수밖에 없었을 것이다.

극성스러운 자식교육

퇴계는 젊어서부터 벼슬보다는 학문과 수양에 뜻을 두었고, 노년에는 더욱 벼슬을 버리고 은거하여 저술과 교육에 전념하고자 했던, 즉 입신출세에 초연한 인물로 여겨져 왔다. 실제로 퇴계는 43세에 이미 벼슬에서 물러날 생각을 했고, 50세 이후에는 자주 사직서를 내고 고향으로 돌아가고자 했다. 그런데 정작 아들이나 손자에겐 열심히 공부하여 과거에 급제하고 남들처럼 벼슬도 하여 입신출세하기를 바랐다. 퇴계 역시 자식교육에 있어서는 여느 극성스러운 부모와 다르지 않았던 것이다.

먼저 아들 이준(1523~1584), 이채(1527~1550)에 대한 교육열부터 살펴보자. 퇴계는 서울에서 관직생활을 할 때 두 아들, 특히 큰아들 준에게 자주 편지를 보내 날마다 열심히 공부하라고 일렀다. 다음은 퇴계의 나이 40세인 1540년에 서울에서 벼슬살이를 하며 17세의 아들 준에게 보낸 편지다.

준에게

전해 듣기에 네가 의령에서 돌아왔다는데, 어느 길로 갔다가 왔는지 알지 못하겠구나. 서울에서 오는 사람이 있었는데, 어찌하여 편지를 보내지 않았느냐? 기다리기가 어렵고 어렵구나.

나의 병세는 지난번과 차도가 있음을 점차 느끼지만 아직도 평상시와 같지는 않다.

너는 내가 멀리 있다고 방심하여 마음 놓고 놀지 말고, 반드시 매일 부지런히 공부하도록 하여라.

또한 만약 집에서 공부에 전념할 수 없다면, 마땅히 의지가 굳은 친구와 같이 산사에 머물면서 굳은 결심으로 공부하여라. 한가하게 세월을 보내서는 안 될 것이다. 혹 술 마시고 헛된 생각을 한다거나, 낚시에 빠져서 공부를 그만둔다면, 끝내는 배움이 없고 아는 것이 없는 사람이 될 것이다. 나는 아침저녁으로 네가 그렇게 해줄 것을 바라 마지않는데, 넌들 어찌 내 뜻을 알지 못하겠느냐?

아들 준에게 보낸 퇴계의 편지는 대체로 이중적이다. 처음에는 부드러운 어조로 시작하다가 중반부터 본론으로 들어가 강한 어조로 가르치거나 나무란다. 또 매우 구체적이고 자세히 얘기한다는 특징이 있다.

이 편지에서도 퇴계는 먼저 집에는 잘 돌아왔는지, 편지는 왜 자주하지 않는지 걱정하는 어투로 시작하고 있다. 중반부터는 자신이 곁에 없다고 놀지 말고 열심히 공부하라고 당부한다. 또 만약 집에서 공부하기 어려우면 의지가 굳센 친구와 같이 절에 가서 공부하라고 하면서, 결코 술을 마시거나 낚시하며 헛되이 세월을 보내지 말라고 지시한다. 다시 말해 퇴계는 겉으론 온화하나 속으론 엄한 아버지였던 것이다.

다음으로 1547년에 퇴계가 서울에서 관직생활을 할 때 두 아들 준과 채에게 보낸 편지를 살펴보자. 당시 준은 스물네 살, 채는 스무 살이었다.

준과 채에게 답한다.
또 사퇴 수리가 지금에 이르도록 내려오지 않은 것은, 소문에 듣자 하니 이조의 벼슬아치들이 아직 회의를 하지 않아 그 뜻을 윗사람에게 올리지 못해서라고 하는구나. 그러니 내가 여기에 앉아 있는 것도 이유가 없고, 물러나 앉아 있기도 매우 미안하여,

어쩔 수 없이 나아가 지금 서울로 가기 위해 풍기로 가고 있다. 도중에 파직되었음을 들으면 고향으로 내려갈 것이고, 만약 관직에 임명된다면 그대로 서울로 올라갈 계획이다. 비록 그렇다고는 하지만 내가 관직에 있는 것은 기약할 만한 것이 못 되니, 집안의 가을일을 소홀히 하지 않도록 하여라.

또한 너희들은 절대로 내가 없다고 해서 학업에 게으름을 피우거나 그만두어서는 안 될 것이다. 거듭 마땅히 십분 분발하여 힘써 부지런히 공부하여 공을 이루기를 밤낮으로 바란다. 뜻 있는 선비들을 보아라. 어찌 모두 부모 형제가 곁에서 보살피고 꾸짖은 후에야 공부를 하느냐? 너희들은 모두 가까이에서 본받을 만한 것을 본받도록 해야 하나 의지와 기상이 나태하고 게을러 유유히 세월을 보내고 있으니, 스스로를 버림이 어찌 이보다 더 심함이 있겠느냐?

옛사람들이 이르기를 '나아가지 않으면 퇴보한다'라고 하였다. 너희들은 날로 나아갈 줄을 모르니 아마도 날로 퇴보하여 마침내는 쓸모없는 사람이 되고 말까 두렵다.

이 편지에서도 처음엔 부드럽게 자기 소식을 들려주고 나서 본격적으로 두 아들에게 열심히 공부하라고 가르치고 있다. 우선 퇴계는 자신이 곁에 없다고 해서 게으름을 피우지 말고 부지런히 공부하라고 지시한다. 또 뜻 있는 선비들은 누가 시키지 않아도 열심히 공부한다고 하면서 너희들도 본받으라고 야단친다. 끝으로 '나아가지 않으면 퇴보한다'라고 강조하면서, 이러다간 나중에 너희들이 쓸모없는 사람이 될까 두렵다고 나무란다. 이처럼 퇴계는 자신이 없는 사이에 자식들이 공부를 소홀히 할까 노심초사하며 자주 편지를 보내 공부에 힘쓰도록 가르쳤다.

퇴계는 자신이야 벼슬에서 물러나 은거하며 심성을 수양하고자 했지만, 아들과 손자에겐 반드시 과거시험을 보도록 했고, 응시하면 꼭 합격하기를 바랐다. 왜냐하면 당시엔 과거에 급제하여 벼슬길에 나가지 못하면 군역을 부담해야 했고 선비로서도 인정받지 못했기 때문이다. 1542년 8월 서울에서 관직생활을 하던 퇴계가 아들 준에게 편지를 보내 과거시험에 응시하지 않는 것을 나무라는 모습을 살펴보자.

　준에게 답한다.
　김구지 등이 와서 너의 편지를 받아 보았다. 네가 병 없이 잘 지내고 있다니 대단히 기쁘구나.
　나는 요전에 이질에 걸렸으나 지금은 이미 병을 다스려 회복되었다. 그러나 말을 타고 외출할 때에는 양다리가 때때로 부어오르니 근심이 되는구나.
　또 네가 비록 별시(別試) 때에는 제때에 와서 시험을 보겠다고 하지만, 진실로 가망이 없을 것을 알지만 함께 시험 준비를 할 여러 친구들과 같이 와서 시험을 보아라. 각처의 사람들이 천둥치듯 구름처럼 모여드는데, 너만 홀로 향촌에 눌러앉아 있어 감정에 분발하는 마음이 없는 것이 옳겠느냐. 이 앞의 편지에 친구와 같이 와서 서울 구경을 한 후에 그대로 머물면서 겨울을 보내기를 바란다고 말했으나, 지금 너의 편지를 보니 그것이 무익하다는 것을 알고 때맞추어 와서 시험을 보려 하지 않는 것은 다름이 아니라 네가 평소에 입지(立志)가 없어서이다. 다른 선비들이 부추겨 용기를 북돋우는 때를 당하여도 너는 격앙하고 분발하려는 뜻을 일으키지 않으니, 나는 대단히 실망이 되고 실망이 된다.

그러니 지금 너의 여러 친구들은 이미 출발했을 것이나 네가 지금 출발한다 해도 때맞추어 오지 못할 것이다. 그렇다면 9월 보름께에도 반드시 올라올 필요가 없고, 또 서울 집은 매우 추워서 겨울을 나기도 어렵다. 그러므로 조카 복과 조윤구 등은 시험을 본 후 모두 내려가기를 바라니, 네가 비록 이곳에 온다 하더라도 같이 공부할 사람이 없으니 오지 않음만 못한 것이다. 그러나 너는 본디 학문의 뜻이 독실하지 않아 만약 집에서 시간을 한가하게 보낸다면 더욱더 학문을 그만두게 될 것이다.

마땅히 조카 완이나 혹은 다른 뜻이 굳은 친구와 같이 책을 짊어지고 절에 올라가서 한겨울 동안 긴 밤에 부지런히 독서하도록 하여라. 내년 봄에 조카 복 등이 다 서울로 올라오려 하거든, 너도 그때 서울로 올라와 시험 준비를 함께 하면서 여름을 보내는 것이 아주 좋을 것이다. 네가 이제부터라도 부지런히 공부하지 않는다면 시간은 쏜살같이 지나가 버리고 한 번 지나간 것은 따라잡기 어려울 것이다. 끝내는 농부나 군대의 졸병으로 일생을 마치고자 하느냐? 천만 유념하여 소홀함이 없고 소홀함이 없게 하여라.

비록 추수 등의 일이 소홀하게 된다고 너는 말하지만, 공부하는 자는 이러한 일을 마음에 두어서는 안 될 것이다.

이 편지 역시 초반에는 부드러운 어조로 시작하다가 얼마 안 있어 이번 과거시험에 응시하지 않고 평소 열심히 공부하지 않는 아들을 심하게 나무라고 있다. 특히 여기에서는 다른 과거 응시자나 조카 복, 조윤구 등과 비교하면서 은근슬쩍 경쟁 심리를 부추기고 있다. 그리고 나서 과거시험을 준비하는 방법과 이유에 대해 구체적으로 알려준다. 이에 대해 준 역시 할 말이 있었던 듯한데, 맨 마지막 "추수 등의 일로 공부를 소홀히 하게 되었다"라는 구절이 그것이다. 하지만 퇴계는 그조차도 "진정 공부하는 자는 그런 일에 개의치 않아야 한다"라고 하면서 한마디로 꺾어버린다. 어찌 보면 준은 아버지의 야단과 질책에 상당히 억울해했을 듯하다.

준은 서른 살이 넘도록 과거에 합격하지 못했다. 결국 퇴계가 나서서 준은 서른세 살의 나이에 음직으로 제용감 참봉(종9품)을 얻을 수 있었다. 과거를 보지 않고 아버지나 할아버지 또는 조상의 음덕으로 관직을 얻도록 해준 것이다.

손자 안도에게 거는 기대

퇴계는 슬하에 이준, 이채, 이적 등 세 아들을 두었다. 하지만 이준은 퇴계의 기대에 미치지 못했고, 이채는 스물세 살의 젊은 나이로 죽었으며, 이적은 첩의 아들이었다. 이제 퇴계는 큰손자 안도에게 기대를 걸 수밖에 없었다. 다섯 살 손자에게 『천자문』을 직접 써서 가르쳤고, 이후로도 유교 경전을 가르쳤다. 안도가 과거 준비나 처가살이 등으로 슬하를 떠나 있을 때에도 편지를 보내 학문과 성품, 교유관계, 심지어 부부관계까지도 자세히 가르쳤다. 어쩌면 퇴계는 안도를 자신의 분신이자 후계자로 키우고 싶었던 듯하다.

먼저 안도에 대한 퇴계의 기대와 교육열부터 살펴보자. 1565년 8월 고향 안동에서 제자들을 가르치고 있던 퇴계는 손자 안도가 산에서 제대로 공부하지 않는다는 소식을 듣고 크게 화를 내며 편지를 보낸다. 당시 퇴계의 나이는 65세였고, 안도는 25세였다.

안도에게 보낸다.

정사성이 이곳을 지나가는 길에 전해준 편지를 받아보고 네 소식을 알게 되었다. 김성일과 우성전은 지금 『역학계몽』을 읽으려고 한다. 네가 이미 『주역』을 읽었다고 하더라도 『역학계몽』을 읽지 않을 수 없다. 그러므로 이 기회를 놓치지 말아야 할 것이다. 비록 『주역』을 다 읽지 못하였다 하더라도, 일단 그 책을 읽는 것을 중단하고 곧바로 산에서 내려와 이들과 함께 『역학계몽』을 읽었으면 좋겠다.

전에 너의 뜻을 살펴보니 학문에는 전혀 마음을 두지 않고 있더구나. 나는 네가 아직 정자와 주자의 글을 읽지 않아서 그럴 것이라고 생각했다. 그러다가 지난겨울에 주자의 글을 읽고서도 깨닫고 분발해서 힘껏 유익함을 구하려는 뜻으로 볼 수 없어서 나는 마음속으로 크게 실망하였다. 일전에 또 편지를 보내 네가 『주역』을 읽으면서도 도서와 괘 그림의 근원, 그리고 그 깨끗하고 정밀한 이치를 알지 못하는 것이 아쉽다고 했지만, 너는 내 편지를 받은 뒤로 이에 대해 한 마디 말도 없으니 모르는 것을 알려는 뜻은 없고, 오로지 과거시험에 합격해서 벼슬자리를 얻는 데만 마음을 두고 있음을 알 수 있었다.

뜻을 세움이 이처럼 보잘것없으니, 비록 이제 네게 억지로 이 책을 읽게 하더라도 그것은 노래를 부르기 싫어하는 사람에게 억지로 노래를 부르게 하는 것과 무엇이 다르겠느냐. 그렇지만 나로서는 이 때문에 너를 끝내 바른 길로 인도하지 않을 수 없기에 종과 말을 보내는 것이니, 너만 유독 분발해서 고치려고 하지 않아서야 되겠느냐. 네가 산에서 내려오고 나면 네 작은외숙부만 혼자 산에 있을 수 없을 듯하다. 그래서 김전이 돌아가는 편에 네 큰외숙부에게 이 사실을 알렸다. 필시 종과 말을 보냈을 것으로 생각된다만, 확실히 알 수는 없는 노릇이다.

1565년 8월 3일. 토계에서 할아버지가

이처럼 화가 난 퇴계는 손자에게 당장 산에서 내려와 자기 밑에서 공부하라고 지시한다. 특히 자신의 뛰어난 제자들인 김성일, 우성전과 비교하면서 안도의 게으름을 질책하는 한편 경쟁 심리를 부추기고 있다. 또 안도가 진정한 학문인 주자학을 공부하지 않고 오직 과거시험 공부만 한다면서 더 큰 뜻을 가지라고 가르친다. 아들 준에게는 부지런히 공부해서 하루빨리 과거에 합격하기를 바랐던 것과 달리 손자에게는 큰 뜻을 품고 학문하기를 바란 것이다. 끝으로 퇴계는 종과 말을 보낼 테니 곧바로 산에서 내려오라고 다시 한 번 지시하고 있다. 이렇게 퇴계는 손자 안도에게 거는 기대가 무척 컸고, 그만큼 제대로 가르쳐서 큰 사람으로 만들고 싶어했다.

다행히 안도는 부지런히 공부해서 몇 년 후인 스물아홉 살에 대과 1차 시험에 합격했다. 69세의 퇴계는 몹시 기뻐하며 손수 축하편지를 써서 서울 처가댁에서 공부하고 있는 안도에게 보냈다. 여기에서는 그 앞부분만 살펴보자.

네 매부가 내려오는 편에 가지고 온 편지를 받아보고 그간의 소식을 알게 되었다. 그리고 이달 8일에 명복이(종)가 와서 네 편지와 서울에서 실시된 과거시험 합격자 명단을 받아보고 비로소 너와 다른 많은 사람들이 합격했음을 알게 되니 너무너무 기쁘다. 다만 김부륜이 낙방했으니 안타깝기 그지없는 일이다. 그러나 특별 과거시험이 곧 있을 것이니, 우연히 한 번 낙방했다고 해서 안타까워하고만 있어서야 되겠느냐. 네가 과거시험에 응시했을 때 제출했던 논문, 과부, 책문은 모두 다 살펴보았다. 논문과 책문은 합당한 점수를 받았지만, 과부는 이보다 못한 점수를 받는 것이 합당할 듯하다.

특별 과거시험이 임박했는데 어떻게 하고 있느냐? 너는 평소 글을 읽을 때 자세히 뜯어보고 깊이 음미하려고 하지 않으므로, 갑자기 시험문제를 접하게 되면 마치 짙은 안개 속을 헤매듯 당황하게 되는 것이다. 뭐 그리 이상할 것이 있겠느냐. 너는 고향을 떠난 지가 이미 1년이 넘었으니 돌아오고 싶은 마음이 간절할 것이다. 그러나 다녀가느라 시간을 허비하고 학업을 폐하기보다는, 차라리 서울에 그대로 머물러 있으면서 열심히 공부하는 한

두 명의 벗들과 산에 들어가 글을 읽는 것이 나을 것이다. 네 아버지와 어머니의 뜻도 이와 같기에 하는 말이다.

우선 퇴계는 안도가 과거시험에 합격한 것을 축하해준다. 하지만 곧바로 과거시험의 답안지를 냉정하게 평가한다. 그런 다음 임박한 특별 과거시험의 준비 방법을 꼼꼼하고 구체적으로 알려준다. 글을 읽을 때는 자세하고 깊이 있게 읽고, 열심히 공부하는 한두 명의 친구와 함께 산에 들어가 공부하라는 것이다.

이러한 퇴계의 기대와 교육열에도 불구하고, 결국 안도는 대과 2차 시험에서 떨어졌다. 이듬해인 1570년에 퇴계가 세상을 떠나자 안도는 더 이상 과거시험에 도전하지 않았다. 그는 주로 퇴계의 연보 편찬과 도산서원 건립에만 매진하다가 마흔네 살에 일찍 세상을 떠나고 말았다.

용의주도한
살림의 달인

퇴계는 조선의 대표적인 주자성리학자인만큼 평생 학문과 수양만 했지 집안 살림에는 전혀 신경 쓰지 않았을 것으로 생각하기 쉽다. 하지만 퇴계는 권씨 부인이 지적 장애를 갖고 있었기 때문에 살림을 거의 도맡아 할 수밖에 없었다. 그는 여자들의 음식 장만과 옷 짓기, 빨래하기 같은 안살림을 제외한 반찬거리 구입, 농사, 노비 관리, 재산 증식 등 바깥살림을 거의 다 주관했다. 서울에서 관직생활을 할 때는 아들 준에게 대신 처리하게 했고, 고향에 돌아와 있을 때는 자신이 직접 처리했다. 그는 살림도 용의주도하게 잘하는 그야말로 '살림의 달인'이었다.

조선 중기만 해도 남자들은 당연히 살림을 해야 했고, 조금만 소홀히 하면 부부싸움의 큰 원인이 되었다. 또 가사를 잘 다스릴 줄 모른다고 사회적으로 비난을 받기도 했다. 당시엔 음식과 의복 등의 안살림은 여성이 주관하고, 농사짓기와 노비 관리, 손님 접대, 재산 증식 등의 바깥 살림은 남성이 주관했다. 다만 퇴계의 경우는 아내에게 지적 장애가 있었으므로 양식이나 반찬거리, 살림 도구를 마련하는 등 안살림까지 책임져야 했다.

먼저 1545년 1월 준에게 반찬거리를 구해오도록 지시하는 편지의 일부분을 살펴보자.

또한 농사에 수확이 없다고 들었는데 걱정이 되는구나. 그러나 이 때문에 뒷날의 원대한 계획을 늦추어서는 안 된다. 그래서 너를 보낸 뒤에 또 하인 잇산이를 보냈으니 모름지기 한결같이 얼굴을 맞대고 타일러서 거두어두도록 하여 오직 조심하여 내년에 살아갈 대책을 강구하는 것이 좋을 듯하다.

또 손이(종)는 말을 몰게 하고, 언석이(종)는 소나 말 중 아무것이나 몰고, 얼음이 얼기 전에 평해(경북 울진)에 가서 소금과 미역을 사오도록 시키는 것이 좋을 듯하다. 나머지 일은 잇산이가 알고 내려간다. 다 일일이 말하지 않겠다.

퇴계는 아들에게 흉년이라 수확량이 적으니 노비들과 잘 상의해서

이형록, 〈설중향시(雪中向市)〉, 국립중앙박물관 소장.

내년에 살아갈 대책을 강구하라고 지시하고 있다. 또한 겨울이 되기 전에 노비들한테 소나 말을 몰고 가서 소금과 미역 등 반찬거리도 구입해 오라고 시킨다. 퇴계는 비록 객지에서 지내고 있지만 편지로 각종 집안 살림을 처리했다.

　퇴계는 또한 해마다 농사를 지어 식구들 양식을 마련하기도 했다. 다음은 1553년 5월 서울에서 관직생활을 하고 있던 퇴계가 안동 본가의 준에게 보낸 편지의 일부로, 농사와 양식을 걱정하는 모습이 잘 나타나 있다.

준에게

근래에 갑자기 소식이 없으니 안부를 알지 못하겠구나. 비가 지금도 흡족히 내리지 않았느냐? 보리와 밀은 수확한 것이 얼마나 되느냐? 늦게 씨를 뿌린 곡식은 싹이 잘 났느냐? 어떠냐?

식구는 많고 양식은 부족하니 굶주린들 별수가 있겠느냐? 걱정되고 걱정되는구나. 앞서 바꾼 김백영 집의 곡식 섬은 보내왔느냐? 금년의 일은 평상시와 같이 처리해서는 안 되고 모름지기 매우 절약할 생각을 해야만 겨우 연명이라도 할 수 있을 것이다.

먼저 봄 가뭄에 농사 형편이 어떠한지 묻고 있다. 그러고는 식구는 많고 양식은 부족해 걱정이라고 하면서 올해는 특별히 더 식량을 절약하라고 일러준다.

퇴계는 수많은 집안 노비들도 관리했는데, 그것은 결코 쉬운 일이 아니었다. 노비들 가운데는 성격이 포악한 자도 있고, 병을 핑계로 게으름을 피우는 자도 있으며, 잘못 대우하면 몰래 도망가 버리는 자도 있었기 때문이다. 그래서 퇴계는 노비들 개개인의 이름과 성격뿐 아니라 그들의 동태까지 세심하게 파악하고서 적절히 대처했다. 1553년 1월 준에게 보낸 편지에는 퇴계의 노비 관리법이 잘 나타나 있다.

너는 이미 식구들을 다 데리고 퇴계(본가)로 왔느냐? 듣자니 남녀 하인들이 다 태만하여 일을 하지 않아 걱정이 많다고 하던데, 그중에서 특히 게으름을 부리는 하인들을 가려 종아리를 때려 경고하는 것이 좋을 것이다. 또 밭에 인분을 뿌릴 도구를 하나도 준비하지 않았다고 하니 보리를 키울 일이 어려울 텐데 어쩌하랴!
김중기에게 보내는 나의 편지는 보냈느냐?

은정이(종)는 비록 퇴계에서 일하기를 원하지 않는다 하더라도
만약 의령으로 돌아간다면 오히려 좋겠지만, 그대로 있으면서
만약 이전과 같이 숨고 피한다면 잘 달래고, 그 형을 불러다가 다
스릴 계획이니 다음 편지에 그 종이 하는 행동을 자세히 알려주
고 아울러 그 종의 형의 이름도 알려다오. 그 이름을 잊어버렸기
때문이다.

유산이와 억수(종) 등은 병역을 다 면하지 못했느냐? 다 면하기를
원한다면 매우 미안하니 모름지기 다른 예에 의거하여 처리하는
것이 좋을 것이다. 그 끝의 일이 반드시 큰 걱정이 되나, 그래도
어떻게 할 수 없을 것이다.

공보와 건(종) 등이 25일경 내려가려고 하고, 금손이(종)는 뽑아
서 올리는 것을 다 바치지 못했기 때문에 도망갈지도 모른다고
하나 그럴지 안 그럴지 알 수 없구나. 이만 줄인다.

퇴계는 요즘 집안 노비들이 태만하여 일을 하지 않으려 한다는 이야
기를 들었다면서, 본보기로 그중 심한 자를 뽑아 종아리를 쳐서 경고하
라고 시킨다. 그런 다음 노비 한 명씩 이름을 거론하며 그들의 동태와
대처 방법에 대해 자세히 일러준다. 예컨대 종 은정이가 계속 숨고 피한
다면 그 형을 불러다 다스릴 터이니, 그 형의 이름을 알려달라고 한다.
또한 종 유산이와 억수 등은 가능하면 모두 병역에서 제외할 수 있도록
해보라고 한다. 그 밖에 종 금손이는 도망갈 기미가 있으니 조심하라고

일러준다. 퇴계의 꼼꼼한 성격을 다시금 확인할 수 있는 대목이다.

심지어 퇴계는 도둑질한 노비의 경우 관아에 알려 혹독하게 처벌받도록 지시했다. 1554년 1월 준에게 보낸 편지의 일부분을 살펴보자.

> 김씨의 하인이 가지고 온 글 속에 영주의 타작이 이 정도 수준에 그친다면 굶주림을 면치 못할까 근심이 되니 어찌하랴? 이는 비록 올해 풍년이 들지 않은 까닭이라고 하지만 이곳은 오히려 그렇게 심하지 않은 것을 보니, 이는 반드시 연동이(종)가 조심하지 않은 탓이니 허물이 심하고 지나치다. 가외란 종년은 도적놈의 계집으로 갇히게 되었다. 이년의 죄는 비록 죽어도 아깝지 않으니, 연동이를 보고서 터무니없이 남의 죄를 뒤집어쓰는 일이 없도록 하라고 일렀다. 이년이 심한 징계만 받고 죽음에 이르지 않는 것도 어찌 불가하다고 하겠느냐? 네가 만약 관아를 지나다가 성주님을 뵙거든 이러한 뜻을 아뢰는 것이 좋겠다. 성주님이 이 여종을 처리하는 일을 나에게 물었기 때문에 말할 따름이다.

여기서 영주란 퇴계의 처가인 첫째 부인 김해허씨의 집안으로부터 물려받은 전답이 있는 곳을 말한다. 올해 그곳의 수확량이 예상보다 훨씬 적게 나왔는데, 알고 보니 가외란 여종이 중간에서 곡식을 빼돌린 탓이었다. 그래서 도둑으로 붙잡아 옥에 가두게 했는데, 가외는 그 죄를 수확을 감독하는 종 연동이에게 뒤집어씌우기까지 했다. 이에 화가 난 퇴계가 준에게 관아의 성주를 만나거든 가외를 죽여도 무방하다고 말하도록 지시하고 있는 것이다. 퇴계의 엄격한 성품을 짐작할 수 있다.

끝으로 퇴계는 재산 증식에도 관심을 기울였다. 우선 그는 선비들도 학문과 함께 재산을 경영하는 일에 신경 써야 한다고 주장했다. 다음은 바로 위에서도 인용한 1554년 1월 준에게 보낸 편지의 일부분이다.

특히 재산을 경영하는 것과 같은 일도 정말 사람이 아니할 수 없는 것이니, 내가 비록 평생 이런 일에 소원하고 졸렬하지만 또한 어찌 완전히 하지 않기야 했겠느냐? 다만 안으로 문아함을 오로지 하고, 밖으로 간혹 사무에 응하면 선비의 기품을 떨어뜨리지 않아 해로움이 없게 된다. 만약 전적으로 문아함을 잊고 오히려 경영에 몰두하면 이는 농부의 일이며 향리 속인들이 하는 짓이기에 이르고 이를 뿐이다.

선비들도 재산을 경영하는 일에 신경 쓰지 않을 수 없는데, 다만 선비의 기품을 잃지 않을 정도로 적당히 해야 한다고 강조했다.

실제로 퇴계는 본가와 처가로부터 상속받은 재산 이외에 수시로 각지의 전답을 사들였다. 1550년 9월 준을 시켜 고성의 전답을 사들이는 모습을 살펴보자.

준에게 답함.

훈도 님(준의 장인)의 증세는 비록 오랫동안 차도가 없었으나 아주 조금씩이나마 밥을 드신다고 하니, 이는 오랜 병고 끝에 차도가 있는 것이라 기쁘고 위안이 되는구나. 김충의 댁(퇴계의 동서)의 초상 때에는 장례를 치르기 전에 때맞추어 가보지 못하였다. 비록 병으로 인하여 가지 못하였지만 서신을 통하여 내 마음을 전하였으니 이것이야말로 참으로 다행한 일이다.

대개 나는 항상 나의 병으로 인하여 사람으로서 사람들 사이에 지켜야 할 예의를 매번 지키지 못하는구나. 최근에 큰 변고(둘째 아들 이채와 넷째 형님 이해의 죽음 등)를 당하였을 때 나의 병 때문에 유명을 달리해도 가보지 못했으니 한스럽기 짝이 없구나. 나 자신을 되돌아볼 때마다 자책감이 들 뿐 되돌릴 길이 없다. 너도 마침 병을 얻어 분수를 다하지 못하는 고통 역시 나와 같구나. 저 김충의 댁의 초상은 그 가운데 하나일 뿐이다. 너는 나의 뜻을 알지 않으면 안 될 것이다. 그런 까닭에 이 말을 하는 것이다.

연곡의 장례일은 네가 병 때문에 그 일을 감독할 수 없을 것이다. 그러나 한 번 가보지 않으면 안 될 것이다. 14일에는 곧바로 고산암으로 오너라. 내일 기제사를 지내고 연곡의 장례 일하는 곳으로 가서 녕(인명) 등을 만나보고 그곳에서 좀 머물다가 외내(준의 처가)로 돌아가는 것이 좋을 것이다.

한손(종) 등이 올 때는 반드시 그곳을 거쳐서 들어올 것이다. 만약 고성 전답의 값을 치르기 위하여 곡식 전부를 가지고 가야 한다면 잠시 그곳에 두었다가 밭을 사기를 기다려서 쓰는 것이 옳을 것이다. 이곳에 가져온다면 헛되이 사용할 뿐만 아니라, 그 때문에 도둑의 마음을 일으킬까 두렵구나. 집에 든든한 자물쇠가 없기 때문이다.

감사가 보내준 소찬에 쓰이는 물건 여러 가지를 대충 보낸다.

너는 병난 뒤부터 책 읽는 것을 전부 그만두었느냐? 일간에 조금

기력이 생기면 정도에 맞추어 책을 읽고, 기력이 손상하는 데 이르지 않는다면 무방할 것이다.

예를 중시하는 유학자답게 퇴계는 먼저 준의 장인인 훈도의 건강부터 언급하고 있다. 또한 그는 병으로 인해 동서인 김충의의 장례뿐 아니라 둘째 아들 이채와 둘째 형님 이하, 넷째 형님 온계 이해의 장례에도 참석하지 못했음을 후회하고 있다. 그런데 사실 퇴계는 과거 장인·장모의 장례 때에도 병과 관직을 이유로 참석하지 않았고, 권씨 부인이 서울 서소문 집에서 죽었을 때에도 두 아들을 보내 시신을 운구해오도록 했다. 그때 자신은 고향 안동에 있으면서 편지를 보내 가급적 추수 전에 시신을 운구해오고, 특히 재산 문서를 잃어버리지 않도록 잘 봉해 오라고 당부했다. 부인의 장례 도중에도 추수를 걱정하고 재산 문서에 신경을 썼던 것이다.

그리고 나서 퇴계는 아들 준에게 고성의 전답을 구매하는 방법을 자세히 일러주면서, 혹시 집 안에 도둑이 들지 모르니 우선 돈(곡식)을 안전한 곳에 두었다가 나중에 가져오라고 말한다. 퇴계의 세심하고 꼼꼼한 성품을 다시 한 번 확인할 수 있는 대목이다.

이 같은 경영 능력 덕분인지 퇴계는 말년에 300여 명의 노비와 3000여 두락(60만~90만 평)의 전답을 소유할 수 있었다고 한다. 재산의 증식과 관직에 따른 녹봉, 아들 준의 감농, 규모 있는 경영 능력 등으로 역대 조선 문인들 가운데 최고 부자라고 해도 과언이 아닐 정도로 많은 재산을 축적했던 것이다.

집안에선 평범한 가장

지금까지 우리는 퇴계를 학문, 도덕, 관직, 생활 등 모든 측면에서 흠잡을 데 없이 완벽한, 그야말로 이상적인 위인으로 규정해왔다. 나 역시 전작 『조선의 부부에게 사랑법을 묻다』에서, 특히 권씨 부인과의 관계에 주목하여 퇴계를 높은 학문과 어진 인품을 가진 '군자(君子)'로 규정한 바 있다. 어쩌면 지금까지 우리는 퇴계를 있는 그대로가 아닌 우리가 보고 싶은 부분만 보지 않았나 싶다. 다시 말해 퇴계를 신격화하는 데만 급급했던 것이다.

그런데 편지로 본 퇴계는 인간 그 자체였다. 비록 학문적·교육적으로는 뛰어났을지 모르나, 집안에선 당시 사람들과 별반 다르지 않은 존재였다. 우선 퇴계도 첩을 두고 서자를 낳기도 했다. 또 아들이나 손자가 열심히 공부하여 과거에 합격하고 높은 벼슬에 올라 입신출세하기를 바라는 극성스러운 부모였다. 게다가 그는 권씨 부인이 지적 장애가 있었기 때문에 바깥살림을 거의 도맡아 할 수밖에 없었는데, 꼼꼼하기 그지없는 그야말로 '살림의 달인'이었다.

자식교육에 있어 퇴계의 소통법은 이중적이었다. 초반에는 부드러운 어조로 시작하다가 본론으로 들어가면 강한 어조로 가르치거나 나무라곤 했다. 뭐든지 구체적이고 자세히 얘기한다는 것이 그의 특징이었다. 또한 퇴계는 서울에서 관직생활을 하며 아들 준에게 편지를 보내 각종 집안일을 지시하곤 했는데, 농사나 노비, 재산 등 집안사정을 훤히 꿰뚫고 있는 상태에서 아주 꼼꼼하고 세심하게 처리했다. 때문에 퇴계의 편지는 대체로 길다. 또 이런 이유로 퇴계는 초상화에서 볼 수 있듯이 깐깐한 유학자의 이미지를 갖게 된 듯하다.

120

06 존경받는 아버지,
연암 박지원

실학은 조선 후기 유학의 새로운 학풍이자 사상으로, 국가의 제도나 문물, 풍습, 의식 등의 개혁을 통해 살기 좋은 나라를 만들고자 한 학문이다. 당시 실학은 크게 세 가지 학파를 중심으로 전개되었다. 성호 이익을 중심으로 각종 국가의 제도를 개혁하고자 한 경세치용학파, 연암 박지원을 중심으로 상업을 진흥시키고 기술을 개발하며 중국과의 통상을 단행하자는 이용후생학파, 추사 김정희를 중심으로 실증적인 학문 방법을 추구한 실사구시파. 물론 실학자들은 어느 학파에 속하든지 사회 개혁을 지향했기 때문에 궁극적으론 현실 생활에 대한 학문적 탐구로 귀결되었다.

그렇다면 이들의 인간적 면모, 특히 아버지로서의 모습과 소통법은 과연 어떠했을까? 특히 실학자는 사람을 위한 학문을 추구했기에 아버지로서의 인간상이 더욱 궁금하지 않을 수 없다. 먼저 이용후생학파의 거두인 연암 박지원은 어떤 아버지 였는지 살펴보자.

〈박지원 초상화〉, 후손가 소장.

　아버지는 키가 크고 풍채가 좋았으며, 용모가 엄숙하고 단정했다. 무릎을 모아 조용히 앉아 있을 때면 늠름하여 범접할 수 없는 위엄이 있었다. 아버지의 벗 이영원이 언젠가 내게 말한 적이 있었다. "자네 아버지는 그 풍채가 먼저 사람을 압도했다네. 설사 남의 집에서 많은 사람들이 모인 자리라 하더라도 자네 아버지가 들어오시면 곧 좌중을 압도했더랬지. 애기를 하면 사람들은 모두 고개를 들어 주목했고 조용히 경청하며 소란스럽지 않았지. 또한 그 누구도 중간에 끼어들어 말하지 못했다네."

　둘째 아들 박종채가 아버지의 언행을 기록한 『과정록』에서 연암의 모습을 묘사한 것이다. 실제로 박지원의 초상화를 보면 외모가 매우 엄격하고 단정하게 생겼음을 알 수 있다. 그래서인지 사람들은 연암을 범접하기 어려운 사람, 더 나아가 가부장적인 사람으로 인식하고 있다. 하지만 연암은 그야말로 '반전 인물'이었다. 엄격하고 단정한 이미지와 달리 실제론 매우 따뜻하고 다정한 인물이었다.

본디 그는 성격이 자유분방한 데다 호기심이 많아 아랫사람들과도 스스럼없이 교유했고, 제자인 이덕무, 박제가, 유득공 등과도 친구(벗)처럼 지냈다. 무엇보다 그는 가족 사랑이 유별나 다정한 아버지상의 전형이었다. 상대를 존중하고 부드러운 소통법을 구사할 뿐 아니라 재치와 유머까지 겸비한 탁월한 소통 능력의 소유자였다.

가난하지만 강직하고 거침없는 삶

연암은 1737년(영조 13) 2월 한양 서부 반송방 야동(서소문 밖에 있는 동네)에서 태어났다. 아버지 박사유와 어머니 함평이씨 사이의 2남 2녀 중 막내아들이었다.

연암의 집안은 노론계 명문거족이었지만 늘 가난을 면치 못했다고 한다. 할아버지 박필균이 경기관찰사와 참판, 지돈녕부사 등의 벼슬을 지냈지만, "청빈이 우리 집안의 본분이니라"라고 하면서 늘 청빈한 생활을 강조했기 때문이다. 또 아버지는 평생 벼슬하지 않고 포의(선비)로 지냈다. 그래서 연암의 형제는 심지어 책을 펴놓고 공부할 곳조차 없었다고 한다. 당연히 결혼 전에 그는 공부를 별로 하지 못했다.

연암은 열여섯 살에 처사 이보천의 딸인 전주이씨와 결혼했으며, 이후 처가의 도움에 힘입어 본격적으로 공부하기 시작했다. 장인 이보천에게 『맹자』를 배우며 학문에 정진했고, 그 아우 이양천에게 사마천의 『사기』를 배우며 문장 짓는 법을 터득하게 되었다. 무엇보다도 처남 이재성을 만난 것은 가장 중요한 일이었다. 그는 평생 동안 연암의 학문에 충실한 조언자가 되어주었다. 그는 연암보다 열한 살 아래였지만 서로 벗처럼 지냈다.

연암은 전주이씨와 함께 살면서 스물세 살에 큰딸을 낳았고, 서른 살에 맏아들 박종의를 낳았으며, 마흔네 살에 둘째 아들 박종채를 낳았다. 전주이씨는 가난한 집안에 시집와서 숱한 고생을 해야 했다. 신혼 초에는 집이 너무 좁아 거처할 곳이 없어 한동안 친정생활을 해야 했다. 중년 이후에도 여기저기 옮겨 다니며 가난하게 살면서도 단 한 번도 눈살을 찌푸리며 괴로워하는 기색을 내비치지 않았다. 그런 모습이 마치 가난을 견디며 독서하는 군자(君子)와도 같았다.

이렇게 집안 형편이 어려웠음에도 불구하고 연암은 젊어서부터 과거급제에 별로 관심을 두지 않았다. 과거에 응시하되 답안지를 제출하지 않거나 엉뚱하게도 답안지에다 그림을 그려놓고 나오곤 했다. 왜냐하면 연암은 성품이 강직하여 불의를 보면 참지 못하는 이른바 '태양증'을 갖고 있었기 때문이다. 또 당시 과거에 합격한다는 것은 그야말로 '만에 하나'였고, 설사 합격한다 해도 타락한 관료사회에서 포부를 펼친다는 게 쉽지 않았기 때문이다.

그 대신에 연암은 실학자이자 문장가로 세상에 이름을 떨쳤다. 먼저 그는 홍대용, 박제가 등과 이용후생학파를 주도하면서 당시 팽배해 있던 북벌론(北伐論: 효종이 병자호란의 수치를 씻고자 청나라를 치려던 논의)이나 양반 의식 등을 비판하고 백성들의 실생활에 도움이 되는 학문을 하고자 했다. 그와 함께 중국과 서양으로부터 선진문물을 수용하여 조선의 문화를 부흥시키자는 북학론을 주장했다.

연암은 젊었을 때부터 무능하고 부패한 현실을 명문장으로 신랄하게 비판했다. 스물한 살 때에는 「마장전」, 「예덕선생전」, 「민옹전」, 「광문자전」, 「양반전」, 「김신선전」, 「우상전」, 「역학대도전」, 「봉산학자전」 등 아홉 편의 전이 실린 작품집 『방경각외전』을 통해 지배층의 허례허식을 비판하는 한편 하층민의 진솔한 삶을 실감나게 표현했다. 마흔네 살 때인 1780년에는 삼종형 박명원을 따라 북경에 다녀온 뒤 연행일기(燕行日記)인 『열하일기』를 써서 청나라의 문물제도와 사회경제 체제 등을 구체적으로 소개하고, 그곳의 문인·명사 등과 교유하며 느낀 소감을 자세히 기록했다. 그는 『열하일기』로 문명(文名)을 떨쳤으나, 지배층과 보수층에 의해 순정한 문체를 어지럽힌 장본인으로 지목되기도 했다. 『열하일기』는 기존의 함축적이고 정제된 문체인 '고문체(古文體)'에서 벗어나 구어체나 속어(俗語), 이야기투 등 자유롭고 거침없는 표현을 사용했기 때문이다. 그래서 정조를 비롯한 보수파는 『열하일기』를 저급하고 불순한 문체의 근원으로 지목하고서 정통의 고문체로 반성문을 써서 올리도록 했다.

사별한 아내를
그리워하며

연암은 이렇게 가난하게 살면서 학문과 문필활동을 계속하다가 50세인 노년에 이르러서야 겨우 음직으로 선공감 감역이 되어 벼슬길에 나아갔다. 선공감은 궁궐의 건축물과 관련한 토목공사를 맡아보던 관청이었고, 감역은 종9품의 말단 벼슬이었다. 그가 노년에 이르러 출사한 이유는 우선 새로 등극한 임금인 정조에게 기대하는 바가 컸기 때문이다. 실제로 정조는 즉위하자마자 규장각을 설치하여 인재를 모아 새로운 정치를 펼치고자 했다. 하지만 더 절실한 이유는 가난한 살림살이로 고생하는 부인의 처지를 더 이상 외면할 수 없었기 때문이다.

이후 연암은 평시서 주부, 제릉령, 한성부 판관에 오르고, 55세에는 안의현감, 61세에는 면천군수, 64세에는 양양부사에 올랐다. 비록 뒤늦게 출사했지만 상당히 오랜 기간 벼슬살이를 했다.

하지만 안타깝게도 연암이 벼슬길에 나아간 지 반년도 안 되어 부인 전주이씨는 일찍 세상을 떠나고 말았다. 평생 고생만 하다가 이제 좀 먹고살 만하니까 허망하게 세상을 떠나버린 것이다. 게다가 부인을 잃은 지 얼마 되지 않아 맏며느리의 상까지 당했다. 그래서 끼니를 챙겨 줄 사람이 없었다. 사람들이 첩을 얻으라고 권하기도 했지만, 연암은 죽을 때까지 첩을 두지 않았다. 지방 수령으로 있을 때도 기녀를 가까이 하지 않았다. 예컨대 둘째 아들 박종채는 『과정록』에서 이렇게 말하고 있다.

> 아버지는 어머니를 여읜 후 얼마 되지 않아 다시 맏며느리의 상을 당하였다. 그래서 끼니를 챙겨줄 사람이 없었다. 사람들은 혹 첩을 얻으라고 권했지만, 아버지는 우스갯소리로 대꾸할 뿐 종신토록 첩을 두지 않았다. 친한 벗들 가운데 이 일을 두고 아버지를 칭찬하는 사람들이 많았다.

> 아버지는 평소 첩을 둔 적이 없을 뿐 아니라 기생도 가까이하지

않았다. 지방 수령으로 있을 때 노래하는 기생이나 가야금을 타는 기생이 늘 곁에서 모시며 벼루와 먹 시중을 들거나 차를 받들어 올렸으며, 수건과 빗을 받들거나 산보할 때 수행하기도 했다. 하지만 아버지는 집안 식구와 다름없이 아침저녁으로 함께 지낼 뿐 한 번도 마음을 준 적이 없었다.

당시 양반 남성은 50세경에 아내를 잃으면 재혼하거나 첩을 들이곤 했다. 앞에서 보았듯이 예를 중시하는 유학자 퇴계조차 일찍부터 첩을 두었고, 뒤에서 보겠지만 실학의 집대성자인 다산 정약용도 유배생활 도중 첩을 들였다.

그런데 연암은 왜 아내가 죽은 뒤에도 첩을 들이지 않고 기녀도 가까이하지 않았을까? 곤궁한 생활 속에서도 불평 한 마디 없이 안주인으로서의 도리를 다해준 부인에 대한 의리 때문이었을까? 아니면 평소의 곧은 성품과 기개 때문이었을까? 그보다는 오히려 부인을 진심으로 사랑했기 때문인 듯하다. 실제로 연암은 전주이씨가 죽자 도망시((悼亡詩: 아내의 죽음을 애도하는 시)를 20수나 지었는데, 현재는 두 수만 남아 있다. 그중 첫 번째 수만 읊어보기로 하자.

한 침상에서 지내다가 잠시 헤어진 지가 이미 천 년이나 된 듯,
눈이 다하도록 먼 하늘로 돌아가는 구름 바라보네.
하필이면 나중에 오작교 건너서 만나리오,
은하수 서쪽 가에 달이 배처럼 떠 있는데.

사별한 부인에 대한 그리움과 당장이라도 뒤따라가고 싶어하는 안타까운 심정이 잘 나타나 있다. 평소 부인에 대한 사랑이 얼마나 컸는지 짐작할 수 있다.

연암도 평소 주변 사람들과 많은 편지를 주고받았다. 현재는 『연암집』에 102편의 편지가 전하고 있고, 얼마 전 박희병 교수가 서울대 규장각에 소장되어 있는 『연암선생서간첩』의 편지 33편을 발굴하여 번역한 것이 있다. 특이하게도 연암은 한글을 배우지 않아 부인이나 누이 등 여성들과 주고받은 한글 편지가 전혀 남아 있지 않다. 연암도 부인이 세상을 떠난 후 그것을 매우 한스럽게 여겼다.

대체로 문집에 실려 있는 편지는 공적인 사무, 특히 지방 수령의 업무와 관련하여 주고받은 것이 많다. 반면에 『연암선생서간첩』에 실려 있는 편지는 그의 나이 60세인 1796년 안의현감 시절과 61세인 1797년 면천군수 시절 가족과 벗들에게 보낸 것으로, 연암의 사적인 면모, 특히 가족 사랑이 잘 나타나 있다. 이들 편지를 중심으로 연암의 인간적 면모와 소통법에 대해 알아보자.

고추장을 직접 담가 보내는
아버지

연암은 51세에 부인을 잃은 후 재혼하지 않고 혼자 지내며 두 아들과 며느리, 손자들에게 각별한 정을 쏟았다. 어쩌면 그는 자식들에게 아버지뿐 아니라 어머니 역할까지 다하고 싶었을지도 모른다. 특히 멀리 타지에서 벼슬살이를 할 때는 자주 편지를 보내 각별하고 애틋하게 자식들을 돌보았다.

먼저 연암이 자식교육을 어떻게 했는지를 보여주는 편지부터 살펴
보자. 아래 편지는 안의현감 시절에 두 아들에게 보낸 것이다.

아이들에게

『아동기년(我東紀年)』 2권을 지었으나 부족한 게 많아 탄식이 절로
나온다. 그래도 참고하기엔 좋으니 모름지기 종채에게 주어 수
시로 자세히 보게 했으면 한다. 어리고 총명할 때 보아야 할 책이
다.

『박씨가훈(朴氏家訓)』 1권은 받았느냐? 선조의 이름을 피하는 전
례에 따라 이름 위에다 푸른색 종이를 붙이는 게 어떻겠니? 이
책은 절대 남에게 빌려주지 않았으면 한다. 잃어버리기 쉽기 때
문이다.

『소학감주(小學紺珠)』는 간신히 베껴 썼거늘 공연히 분실했다니
어찌 애석하지 않겠니? 너희들은 책에 대해서도 그렇게 성의가
없으니 늘 개탄스럽다.

나는 고을 일을 하는 틈틈이 글을 짓거나 혹은 글씨를 쓰기도 하
거늘. 너희들은 해가 다 가도록 무슨 일을 했느냐? 나는 4년간
『자치통감강목』을 골똘히 봤다. 두어 번 읽었지만 늙어서인지 책
을 덮으면 문득 잊어버리곤 한다. 그래서 작은 초록 한 권을 만들
었는데, 그리 긴한 것은 아니다. 그래도 한 번 재주를 펴보고 싶
어 그만둘 수가 없었다. 너희들이 하는 일 없이 날을 보내고 어영
부영 해를 보내는 걸 생각하면 어찌 몹시 애석하지 않겠니? 한창

때 그러면 노년에는 장차 어쩌려고 그러느냐? 웃을 일이다, 웃을 일이야!

고추장 작은 단지 하나 보낸다. 사랑방에 두고서 밥 먹을 때마다 먹으면 좋을 게다. 내가 손수 담근 건데, 아직 푹 익지는 않았다.

보내는 물건
포(脯) 세 첩, 곶감 두 첩, 장볶이 한 상자, 고추장 한 단지

연암의 자녀교육법이 잘 나타나 있다. 먼저 그는 『아동기년』, 『박씨가훈』, 『소학감주』 세 권의 책을 짓거나 필사해서 보내며 자식들에게 읽어보기를 바라고 있다. 아버지가 자식들을 위해 직접 책을 짓거나 만들어주는 것, 이보다 더 큰 사랑이 있을까? 아마 자식들은 그 책을 어떻게든 읽지 않을 수 없었을 것이다.

또한 그는 자식들에게 독서를 강요하지 않고 스스로 모범을 보인 후 '~하지 않겠니?'라고 권유하고 있다. 자신은 4년 동안 중국 역사책인 『자치통감강목』을 골똘히 봤지만 자꾸 잊어버려 초록 한 권을 만들며 보았다고 전한다. 그러면서 자식들에게 "한창때 그러면 노년에 장차 어쩌려고 그러느냐? 웃을 일이다, 웃을 일이야!"라고 하면서 유머러스하게 독서를 권유하고 있다. "책 읽는 아이로 키우려면 먼저 부모가 책 읽는 모습을 보여줘야 한다"라는 말이 있다. 연암은 이미 200여 년 전에 그 말을 실천하고 있었던 것이다.

나아가 연암은 자식들에게 극진한 정성과 사랑을 보여준다. 이 편지에서는 자신이 직접 담근 고추장과 함께 포, 장볶이(볶은 고추장), 곶감 등

반찬거리를 보내주고 있다. 흔히 조선시대 양반 남성들은 요리와는 거리가 멀었다고 생각한다. 하지만 연암은 웬만한 아낙들도 담그기 어렵다는 고추장을 직접 담아 보내면서 언제 먹으라고까지 알려주고 있다. 그는 정말 다정하고 따뜻한 아버지상의 전형이었다.

"과거 공부나 하는 쩨쩨한 선비는 되지 말거라"

연암도 다른 부모들처럼 자식들의 과거시험에 관심을 가졌다. 그렇다고 퇴계처럼 반드시 과거시험에 응시해서 합격하라고 종용하지는 않았다. 그는 자식교육에 있어서 앞에서 강제로 이끄는 것이 아니라 뒤에서 담담히 조언하거나 도와주는 차원에 머물렀다. 다음은 연암의 나이 61세인 1797년 여름에 의릉령으로 근무할 때 큰아들 박종의에게 보낸 편지의 일부분으로, 연암의 교육철학이 잘 나타나 있다.

> 큰아이에게
> 바둑책이 계산초당의 들보 위에 있으니 그걸 찾아 보내주지 않겠니? 해가 점점 길어지는데 소일할 좋은 방도가 없어서다.
> 광엽이는 과연 27일 골짝으로 갔느냐? 간 후에 소식을 들을 길이 없으니 몹시 탄식한다.
> 과거시험을 볼 날이 점점 다가오는데 과거에서 보는 시(詩)는 몇 수나 지어봤으며, 빨리 짓는 일에도 능하여 아무런 애로가 없느

냐? 문제를 대했을 때 마음에 어렵게 느껴지지 않은 뒤에라야 시험장에 들어갈 일이고, 막상 들어갔다면 비록 반도 못 썼다 하더라도 답안지는 내고 나올 일이다. 중존(박지원의 처남 이재성)은 네가 쓴 최근의 글을 보고 뭐라 하더냐? 또 네 아저씨(박지원의 종제 박수원으로 추정됨)는 뭐라 하더냐? 자세히 적어 말해주면 어떻겠니? 그리고 글씨 연습을 하지 않아서는 안 되니 좋은 종이를 사서 성의를 다해 살지고 충실하게 글씨를 써보는 게 어떻겠니? 다섯 냥을 보내줄 테니 답안지 및 과거를 볼 때 필요한 물건을 사는 데 보탰으면 한다. 다만 그때 임박해서 보내겠으니 잘 헤아려서 처리하렴.

큰아들의 과거시험이 다가오자 연암이 세심하게 신경 써서 챙겨주고 있다. 어떤 문제가 나오더라도 편안하게 풀 수 있을 정도로 철저히 준비해서 응시할 것이며, 시험장에선 비록 다 쓰지 못했더라도 꼭 답안지를 내고 나오라고 조언한다. 한 번 도전한 일은 끝까지 완수해보라는 것이다. 또 주변 어른들의 의견이나 평가도 귀담아들으라고 당부한다. 나아가 글씨 연습도 중요하다면서 특별히 종이를 살 돈도 보내주고 있다. 이렇게 연암은 자식들의 과거시험에 대해 세심하게 신경 써서 챙겨주되 결코 강요가 아닌 조언이나 도와주는 차원에 머물렀다.

뿐만 아니라 연암은 자식들이 반드시 과거시험에 합격해서 입신출세하기를 바라지도 않았다. 다음 두 편지를 차례대로 살펴보자.

큰아이에게

편지를 받아본 지가 조금 오래되어 그립고 궁금한 마음이 간절하다. 하늘은 높고 해는 맑으며 서리 기운이 점점 다가오는데, 집안은 다 별고 없느냐? 과거 볼 날이 가까우니 정신을 모을 일이며, 맹랑한 짓은 하지 않겠지? 시험에 붙고 안 붙고는 관계없는 일이며, 다만 과장에 출입할 때 다치지 않도록 조심해야 할 게다. 나는 먹고 자는 게 못하지 않다.

휴가 허락이 떨어지면 곧장 광주의 선영에 가서 성묘하려고 제수를 모두 마련해놓았고, 또 늑현에 있는 계부와 종형의 두 산소에도 들러 소분하고자 하여 제물을 모두 다 싸놓았건만, 가을철 공무가 한창 벌여져 있고 조정의 훈령 역시 지극히 엄하다는 이유로 홀연 휴가 청원서가 반려되어 왔구나. 그래서 쭈그리고 앉아 계획이 수포로 돌아간 데 대해 낙담하고 있지만, 어쩌겠니, 어쩌겠어! 이제 불가불 내년 봄을 기약할 수밖에 없겠다.

작은아이에게

너희 형제는 걱정되지 않고, 늘 마음에 잊히지 않는 아이는 손자 효수이니 우습구나, 우스워. 넌 모름지기 수양을 잘해 마음이 넓고 뜻이 원대한 사람이 되고, 과거 공부나 하는 쩨쩨한 선비가 되지 말았으면 한다.

첫 번째 편지는 1797년 추석 면천군수 시절에 큰아들 박종의에게 보낸 편지의 일부다. 연암은 먼저 아들에게 보고 싶다고 말한 후 과거시험이 다가오고 있는데 정신을 집중해 공부하고 있는지 묻는다. 그러고는 시험에 붙고 안 붙고는 중요하지 않으니 제발 과장(科場)에 출입할 때 몸조심하라고 당부한다. 자식의 출세보다는 안전을 우선시하는 따뜻한 아버지의 모습이다. 또 조정에서 휴가를 내주지 않아 서운하다고 솔직히 털어놓고 있다. 연암은 자식을 마치 친구처럼 생각하고 있었던 듯하다.

두 번째 편지도 1797년 7월 면천군수 시절에 둘째 아들 박종채에게 보낸 편지의 일부다. 날이 갈수록 손자 사랑이 더하여 우습다고 하면서, 아들에게 마음이 넓고 뜻이 원대한 사람이 되어야 과거 공부나 하는 쩨쩨한 선비가 되지 말았으면 한다고 당부하고 있다. 개인적인 성공이나 영화보다는 세상에 보탬이 되는 이른바 '큰사람'이 되라는 것이다.

실제로 연암은 젊어서부터 과거 공부에 뜻을 두지 않았다. 『과정록』에 따르면 자식들에게도 꼭 과거에 합격해 입신출세하기를 바라지 않았다고 한다. 비록 과거시험을 단념했다 할지라도 품위 있고 뜻이 높은 사람이 된다면 그 또한 기뻐할 일이라고 했다.

아버지는 우리들에게 늘 이런 말씀을 하셨다.
"나는 너희들이 갑자기 과거에 합격해 출세하기를 바라지 않는다. 재주와 학문이 넉넉하지 않은데 세상일까지 복잡하면 혹 자신의 본분을 지키지 못하게 되느니라. 내가 초년에 겪었던 일을 생각하면 두렵기만 하다. 과거야 뭇 사람들을 따라 응시해볼 수도 있는 일이지만, 만약 과거를 단념했다고 해서 고상한 이름을 얻는다면 이 또한 기뻐할 일이다."

연암은 학문에 대해서도 그리 거창하게 생각하지 않았다. 다음 구절
도 『과정록』에 나온 것이다.

> 아버지는 학문에 대해 이렇게 말씀하셨다.
> "학문이란 별다른 게 아니다. 한 가지 일을 하더라도 분명하게
> 하고, 집을 한 채 짓더라도 제대로 지으며, 그릇을 하나 만들더라
> 도 규모 있게 만들고, 물건을 하나 감식하더라도 식견을 갖추는
> 것, 이것이 모두 학문의 일단이다."

이렇게 연암은 학문이란 별다른 게 아니라 한 가지 일을 하더라도
그에 정통하고 무엇보다 실생활에 도움이 되는 것이어야 한다고 했다.
당시 성리학은 현실과 동떨어진 주자학의 이기론이나 형식적인 예학에
매몰되어 있었다. 이에 연암은 그러한 허위의식을 극복하고 백성들의
실생활에 쓸모 있는 학문을 하자고 주장했다.

연암의 개방적인 교육철학 덕분인지 둘째 아들 박종채는 1810년 소
과에 합격해 음서로 경산현감에 제수되었다. 또 아버지의 평생 행적을
정리한 『과정록』을 편찬하기도 했다. 나아가 손자 박규수는 연암의 실
학을 이어받아 개화사상으로 발전시켰으며, 김옥균·박영효 등 개화파
형성에 결정적인 역할을 했다. 벼슬도 1848년 문과에 급제하여 사간
원 정언, 사헌부 대사헌, 이조참판, 형조판서에 이어 우의정에 이르렀다.
큰아들 박종의는 후사가 없는 큰아버지 집에 양자로 들어갔다.

며느리에게 감사를
표현하는 방법

연암은 며느리들도 자식처럼 아끼고
사랑했다. 특히 며느리가 출산할 때는 극진히 신경 쓰며 어머니 역할까
지 다하고자 했다. 다음은 그의 나이 60세인 1796년 안의현감 시절에
큰아들 박종의에게 보낸 편지다.

큰아이에게

관아의 하인이 이달 초닷새 낮에 돌아왔다. 편지를 보고 다들 별
일 없다는 걸 알게 되어 몹시 기쁘고 위로가 된다.

거창에 사는 친척들이 술과 떡을 가지고 와서 자고 돌아갔다. 그
래서 음식을 차려 대접하지 않을 수 없었다. 작년 이날에 너희가
왔기 때문에 기억하고 있었던 모양인데, 너희 오지 않은 것을 알
고는 나의 고적함을 위로해주러 온 것이다.

멀리서 너희들을 생각하면 서글플 뿐이다. 새아기(둘째 아들 박종채
의 처)가 보낸 도포와 버선은 즉시 광풍루(안의에 있는 누각)에서 몸에
걸쳐 여러 사람들에게 자랑해 보였다. 몹시 아껴 가까이 두고 있
다. 조만간 답장을 보내마.

수동에 사는 네 고모의 병환이 몹시 우려된다. 대저 영남에도 지
난겨울부터 이 병이 많이 나돌았는데, 서너 달간 생사가 오락가
락하고 혹 한 달에 두세 번 위독하게 되더라. 그런데도 의원은 증
상을 알아내지 못하더구나. 통인 응손이가 작년 섣달부터 지금
까지 지팡이를 짚고 다니고 있는데, 대저 약을 쓰지 않는 게 상책

인 것 같다. 이 뜻을 전하는 게 어떻겠니?

이번 달이 네 처가 해산하는 달이라 밤낮 마음을 졸이며 기다리고 있다. 다만 달이 임박했는데 간호할 사람이 없으니 이 점이 걱정스러운 일이다. 안동의 진사댁(처남댁으로 추정)이 좀 와서 있으면 어떻겠느냐?

작년에 경저리(京邸吏: 중앙과 지방 관청의 연락 사무를 맡은 관리) 귀경할 때 나의 벗 유언호에게 편지를 보내 문병을 하고 또 약재 및 기타 물건을 보냈건만 아직도 답이 없고, 네 편지에서도 아무 말이 없으니 참 괴상한 일이다. 함양군수 윤광석의 집에도 편지를 보냈건만 아까 그의 편지를 보니 내 편지를 못 본 것 같으니 퍽 통탄할 일이다. 얼른 경저리 집에서 내가 보낸 편지를 찾아내 곧바로 전달하는 게 어떻겠니?

병진년(1796) 2월 15일

내려오기로 한 자식들이 오지 않고 편지와 옷가지만 보낸 듯하다. 그래서 거창에 사는 친척들이 술과 떡을 가지고 와서 그의 고적한 마음을 위로해주고 갔다고 한다. 연암은 이제 괜찮아졌다고 말하지만 여전히 자식들이 보고 싶은지 "멀리서 너희들을 생각하면 서글플 뿐이다"라고 하면서 속으로 눈물을 흘리고 있다.

연암은 또한 며느리들을 매우 사랑했다. 둘째 며느리가 도포와 버선을 지어 보내주자 어린아이처럼 좋아하며 남들에게 자랑하거나 품에 안고 있기도 한다. 또 큰며느리의 출산일이 다가오는데 산바라지를 해줄 사람이 없어 걱정이라며 어떻게든 어머니 역할까지 다하고자 애쓴다. 이로 보면 연암은 며느리들에게도 참 좋은 시아버지였을 듯하다.

그로부터 한 달쯤 후에 큰며느리가 출산을 했다. 연암은 무척 기뻐하며 큰아들에게 축하 편지를 보낸다.

큰아이에게

초사흗날 관아의 하인이 돌아올 때 기쁜 소식을 갖고 왔더구나. "응애 응애!" 우는 소리가 편지 종이에 가득한 듯하거늘, 이 세상 즐거운 일이 이보다 더한 게 어디 있겠느냐? 육순 노인이 이제부터 손자를 데리고 놀 뿐 달리 무엇을 구하겠니? 또한 초이튿날 보낸 편지를 보니 산모의 산후 여러 증세가 아직도 몹시 심하다고 하거늘 퍽 걱정이 된다. 산후 복통에는 모름지기 생강나무를 달여 먹여야 하니 두 번 복용하면 즉시 낫는다. 이는 네가 태어날 때 쓴 방법으로 늙은 의원 채응우의 처방인데 특효가 있으므로 말해준다.

(……)

오늘은 손자가 태어난 지 삼칠일이 되는 날이다. 여기 관속들 200여 명이 아침에 국과 밥을 보내와 몹시들 기뻐하며 축하해주었다. 그제야 비로소 경술년(1790) 원자(훗날 순조)가 탄생하시자 산해진미를 갖춰 몹시 기뻐하시며 억조창생을 고무한 임금님(정조)의 마음을 우러러 헤아릴 것 같구나. 이만 줄인다.

병진년(1796) 3월 10일

며느리의 출산 소식을 듣고 연암은 마치 세상을 다 얻은 것처럼 좋아하고 있다. 대문장가답게 "'응애 응애!' 우는 소리가 편지 종이에 가득한 듯하거늘, 이 세상 즐거운 일이 이보다 더한 게 어디 있겠느냐?"라며 기쁜 마음을 아주 감동적이고 유쾌하게 표현하고 있다. 심지어 그는 관속 200여 명과 함께 축하 잔치를 벌이면서, 과거 순조를 낳고 몹시 기뻐하던 정조의 마음에 빗대어 다시 한 번 손자를 본 기쁜 마음을 표현하고 있다.

그런데 산모의 산후 복통이 심하다는 소식을 듣고는 걱정하면서 즉각 그 치료법을 알려준다. "이는 네가 태어날 때 쓴 방법"이라고 말하는 대목에서 아들이 태어날 때의 일을 지금껏 기억하고 있을 정도로 평소 자식들을 매우 사랑했음을 알 수 있다.

소통은 부드럽고
유머러스하게

연암은 손자에 대한 관심도 매우 높았다. 손자가 태어난 지 얼마 안 되어 그는 큰아들 박종의에게 편지를 보내 손자의 모습에 대해 상세히 묻는다.

큰아이에게
너의 첫 편지에서는 "태어난 아이가 얼굴이 수려하다"고 했고, 두 번째 편지에서는 "차츰 충실해지는데 그 사람됨이 평범치 않다"라고 했으며, 네 동생 종채의 편지에서는 "골상이 비범하다"

고 했다. 대저 이마가 툭 튀어나왔다던지 모가 졌다던지, 정수리가 평평하다던지 둥글다던지 하는 식으로 왜 일일이 적어 보내지 않는 거냐? 궁금하다.

올해 성균관 입학시험은 보지 않는다던? 꼭 보지 않아도 좋다. 광주의 농장일은 어떻게 했니? 이번 순회 때에 든 비용이 매우 많아, 비록 가만히 앉아서 임기가 끝나길 기다리더라도 아무것도 남은 게 없겠으니, 정말 빚만 안 져도 다행이다. 모름지기 나의 이 뜻을 잘 헤아려주면 좋겠구나.

이전에 보낸 쇠고기 장조림은 잘 받아서 아침저녁 반찬으로 먹고 있니? 왜 한 번도 좋은지 나쁜지 말이 없니? 무심하다, 무심해. 나는 그게 포첩(脯貼: 말린 고기)이나 장조림 같은 반찬보다 나은 듯하더라. 고추장 또한 내가 손수 담근 것인데, 맛이 좋은지 어떤지 자세히 말해주면 앞으로도 계속 두 가지를 인편에 보내든지 말든지 하겠다.

그림은 둘 다 좋고 서책도 둘 다 참 묘해 관아의 정자에서 맑은 눈으로 감상할 수 있겠더구나. 이덕무의 행장은 비슷하게는 되었으나 아직 탈고를 못했으니, 이 뜻을 그 아들에게 전해주면 어떻겠니? 완성되면 마땅히 사람을 보내마.

초여름 보름에서 20일 사이에 만일 다른 일이 없거든 내려왔으면 좋겠다. 네 동생하고 같이 와도 좋고, 아님 오고 싶어하는 다른 사람이 있으면 함께 와도 무방하다.

연암은 손자의 모습이 몹시 궁금한 듯 이마와 정수리 등 아기의 생김새에 대해 자세히 적어 보내달라고 재촉하고 있다. 사진이 없던 시절의 재미있는 풍경이 아닐 수 없다.

또 과거시험처럼 성균관 입학시험 역시 꼭 보지 않아도 된다고 말한 후, 관직생활을 해봐야 남는 게 아무것도 없다며 자신의 경험담을 솔직히 얘기하고 있다.

한편 그는 얼마 전에도 쇠고기 장조림과 고추장 같은 밑반찬을 직접 만들어서 자식들에게 보내준 듯하다. 그런데 맛이 있는지 없는지 아무런 말이 없으니 연암은 "무심하다, 무심해"라고 하면서 섭섭해한다. 자식들의 사랑을 받고 싶어 투덜거리는 모습이 살짝 귀엽기까지 하다.

끝으로 연암은 자식들이 몹시 보고 싶은지 여름에 꼭 내려오라고 당부한다. 동생하고 같이 오던지, 다른 사람하고 같이 와도 좋다고 한다. 부모와 자식의 처지가 뒤바뀐 듯 연암은 시종일관 자식들에게 부탁하는 어투로 말하고 있다.

이와 같이 연암은 부인 사후 20여 년을 홀로 지내면서 자식들에게 어머니 역할까지 다하고자 했다. 손수 고추장이나 장조림을 만들어 보내고, 옷을 지어 보내준 며느리에게 무한한 감사를 표현하며, 며느리의 출산과 산후조리를 챙기기도 했다. 자식교육에 있어서도 그는 무조건 강요하지 않고 솔선수범하는 모습을 보여주었으며, 과거시험 역시 반드시 합격해서 입신출세하기를 바라지 않았다. 그는 무엇보다 자식의 선택을 중시했던 것이다.

연암은 아무리 자식이라도 존중하는 마음으로 대했다. '~하지 않겠니?'라고 권유하거나 '~하면 좋겠다'라고 부탁하는 등 매우 부드럽게 소통하고 있다. 아울러 "웃을 일이다, 웃을 일이야!", "무심하다, 무심해", "어쩌겠니, 어쩌겠어!"라고 하면서 재치와 유머까지 보여준다. 연암은 과연 다정하고 따뜻한 아버지였다.

07 배려하되 단호하게,
명성황후

"나는 조선의 국모다."

우리는 '명성황후' 하면 이 말을 먼저 떠올리곤 한다. 과거 뮤직비디오 〈나 가거든〉에서 명성황후 역할을 맡은 배우 이미연이 했던 대사인데, 한마디로 명성황후는 끝까지 일본에 맞서 싸운 여성이라는 것이다.

하지만 이에 대한 반론도 만만치 않다. 뮤직비디오나 드라마, 뮤지컬에서 보여주는 모습과 달리 명성황후는 민씨 일가의 이익만을 추구하고 온갖 사치와 부정부패를 저지른 악독한 여인이라는 것이다. 물론 여기에는 식민사관의 영향도 적잖이 작용하고 있는 듯하다. 일제는 명성황후와 고종의 이미지를 의도적으로 왜곡시켜 자신들의 식민 지배를 합리화하고자 했다. 명성황후는 '총명하지만 부덕하고 간악한 왕비'요 고종은 '무능하고 유약한 군주'였으며, 따라서 조선은 멸망할 수밖에 없었다는 것이다.

이처럼 명성황후에 대한 평가는 극명하게 엇갈린다. 그렇다면 실제로 명성황후는 과연 어떤 모습이었을까? 얼마 전에 발견된 명성황후의 한글 편지를 통해 명성황후의 인간적 면모와 소통법에 대해 자세히 알아보자.

파란만장한 인생사

명성황후(1851~1895)는 경기도 여주에서 여흥민씨 민치록의 딸로 태어났다. 어떤 사람들은 명성황후가 미천한 집안에서 태어나 고아로 자란 것처럼 생각한다. 하지만 명성황후의 집안은 태종비 원경왕후와 숙종비 인현왕후를 배출한 노론 명문가였다. 아버지 민치록(1799~1858)도 음서로 관직에 올라 사옹원 주부, 과천현감, 덕천군수, 영천군수 등을 지낸 인물이었다. 그의 첫째 부인은 자식 없이 서른여섯 살에 요절했고, 둘째 부인 한산이씨는 1남 3녀를 두었으나 모두 일찍 죽고 막내딸(명성황후)만 살아남았다. 민치록은 집안의 대를 잇고 제사를 받들기 위해 민승호를 양자로 삼았다.

황현의 『매천야록』에 따르면 명성황후는 어려서부터 총명하고 기억력이 뛰어나 조정의 의장이나 전고, 당색의 근원과 파벌, 문벌의 높고 낮음을 모두 암기했다고 한다. 다시 말해 그녀는 어릴 적부터 똑똑하고 국모다운 풍모를 갖추고 있었던 것이다.

그래서인지 열여섯 살 때 흥선대원군에게 발탁되어 고종의 왕비가 되었다. 흥선대원군은 가문으로는 빠지지 않으나 주변에 위세를 부릴

사람이 별로 없는 그녀를 며느리로 들였다고 한다. 몰락한 친정을 둔 왕비가 정치에 개입할 여지는 거의 없으리라 판단했기 때문이다. 하지만 이런 판단은 크게 빗나가고 말았다.

명성황후는 결혼한 지 5년이 지나도록 자식을 낳지 못해 늘 가슴을 졸여야 했고, 이후 4남 1녀를 낳았으나 둘째 아들인 세자(훗날의 순종)만 남고 나머지는 모두 1년을 살지 못하고 죽었다. 유일하게 살아남은 세자마저도 병약하여 어려서부터 잔병치레가 잦았다. 『매천야록』에 따르면 명성황후는 세자의 복을 빌기 위해 명산대찰에 판수를 두루 보내 기도를 드리도록 했다고 한다.

명성황후가 대원군과 갈등을 겪기 시작한 것은 고종이 친정체제를 구축하면서부터였다. 그동안 대원군은 아들을 대신해 10여 년 동안 세도를 누리고 있었다. 하지만 1873년 고종이 친정을 선언하자 대원군은 마지못해 정계에서 물러났다. 이 과정에서 명성황후의 정치적 조언과 민씨 척족의 협조가 크게 작용했다. 이에 따라 명성황후는 권력을 잡자마자 친정 식구들을 끌어들였는데, 제일 먼저 양오빠 민승호가 외척 세도가로 급부상했다. 하지만 이듬해 11월 민승호는 집에서 폭탄테러를 당해 어머니, 아들과 함께 폭사하고 말았다. 이후 명성황후는 원통함과 공포심 때문에 밤에 잠을 못 자고 이튿날 정오 가까이나 되어서야 겨우 잠들 수 있었다.

대원군의 실각 후 명성황후는 고종을 움직여 일본과 강화도조약(1876)을 체결하는 등 개화정책을 적극적으로 추진했다. 또 아들과 함께 폭사한 민승호를 대신해 민영익을 양자로 들였는데, 바로 그를 개화정권의 핵심으로 삼으려 했다. 명성황후는 기회가 있을 때마다 민영익을 외국으로 내보내 백성들에게 문명개화의 실상을 보여주려 했다.

하지만 개화에 대한 백성들의 반발도 만만치 않았다. 그러다 결국 1882년 6월 구식군대가 일으킨 병란인 임오군란이 발발하고 말았다. 이를 계기로 다시 정권을 잡은 대원군은 그동안 고종과 명성황후가 추진했던 개화정책을 모두 원점으로 되돌렸다. 그때 명성황후를 구해준 것이 청나라 군대였는데, 그들은 1882년 7월 대원군을 납치해 청나라로 끌고 갔다. 당연히 명성황후는 친청 사대로 흐를 수밖에 없었다.

1894년 청일전쟁에서 승리한 일본이 갑오개혁을 단행하는 등 조선 정부를 압박하자, 명성황후는 이번에는 친러정책으로 일본 세력에 대항했다. 위기를 느낀 일본은 명성황후가 살아 있는 한 조선을 장악할 수 없다고 판단하고 낭인들을 앞세워 명성황후를 시해한 뒤 정권을 탈취하는 을미사변(1895)을 일으켰다. 결국 명성황후는 경복궁 건청궁에서 끔찍하고 야만스럽게 살해당하고 시신마저 불태워지는 비극적인 최후를 맞이했다. 그녀의 나이 45세였다. 1897년에 고종이 '대한제국'을 선포하고 황제로 즉위하면서, 그녀 역시 복위되고 '명성황후'라는 시호를 받았다.

편지는 주요한
정치적 소통 수단

명성황후의 한글 편지는 현재까지 남아 있는 것만 해도 130여 통이 넘는다. 1882년 임오군란 이후부터 1895년 을미사변으로 시해되기 전까지 쓰인 편지들로, 조카인 민영소

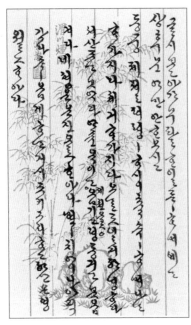
명성황후의 한글 편지, 국립고궁박물관 소장.

에게 보낸 편지가 대부분이다. 이 시기는 명성황후가 본격적으로 정치에 참여하던 때로, 정조와 마찬가지로 명성황후도 편지를 주요한 정치적 소통 수단으로 활용했음을 알 수 있다. 그럼 대체 민영소가 누구이기에 그토록 많은 편지를 주고받았던 것일까?

민영소(1852~1917)는 명성황후의 한 살 어린 조카로, 민태호의 아들이자 민규호의 양자로 들어간 인물이었다. 스물여섯 살 때 과거에 급제한 뒤 명성황후와 친밀한 관계를 유지하면서 이조참판, 예조참판, 부제학, 대사성 등 높은 관직을 역임했다. 이 사실로 미루어 민영소는 상당히 똑똑하고, 명성황후도 그를 믿고 의지했음을 알 수 있다. 하지만 이후 민영소는 한일합방의 공로로 일제로부터 자작의 작위와 은사금까지 받은 대표적인 친일반민족 행위자가 되었다.

명성황후의 편지는 민영소의 후손가에서 소장하고 있다가 세상에 내놓으며 널리 알려지게 되었다. 현재 국립고궁박물관에서 일괄 구입하여 소장하고 있다. 편지는 모두 원형 그대로 보존되어 있으며, 일부 편지는 봉투까지 전해지고 있다. 봉투에는 발신인과 수신인, 날짜가 적혀 있지 않은데, 아마 인편으로 직접 전달되었거나 보안 때문이었던 듯하다. 편지지는 일명 '화전지(花箋紙)'로 색상이 곱고 문양도 다양하다.

대부분 중국에서 수입한 것이라고 한다.

편지의 형식은 서두에서 임금과 세자의 안부를 전하고 자신의 소식을 알린 뒤 본론으로 들어가는 식이다. 주로 꼭 필요한 말만 간단명료하게 전하고 있다. 주된 내용은 가족의 건강 걱정, 자신의 개인적 사정, 정치적 역할 등으로, 특히 명성황후의 인간적 면모가 잘 나타나 있다.

가족을 걱정하는
평범한 아내이자 어머니

한글 편지에 나타난 명성황후의 모습은 여느 여성들처럼 한 가정의 아내이자 어머니였다. 그녀는 늘 고종과 세자의 건강을 걱정하며 그들의 안위를 위해 많은 노력을 기울였다. 심지어 점쟁이를 불러 고종의 질병에 대한 운수와 예방법을 묻기도 했다.

글씨 보고 밤사이에 잘 잔 일 든든하며, 여기는 임금의 문안도 아주 평안하시고 동궁의 정황도 매우 평안하시니 축수하며, 나는 한결같다. 남정식은 오는 대로 들여보내라. 황해도 관찰사의 장계는 내리겠다. 오늘도 일기는 온화하다.

어제는 잊고 보내지 못하였기에 다시 적는다. 남정식에게 내년에 임금께서 질병이 올해의 운수와는 어떠신가 물어보고, 무슨 일이 언제쯤 있으며 어찌하면 방비될까 자세히 알아보고 내일 들어오너라.

명성황후의 편지는 항상 지난밤을 잘 보낸 일에 대한 안도감을 표시하는 것으로 시작한다. 그만큼 안전이 위협받는 상황에 처해 있었던 것이다. 그러고는 임금과 동궁(세자)의 안부를 전한 뒤, 정작 자신의 안부는 맨 나중에야 전하곤 했다. 또한 명성황후는 첫 번째 편지에선 점쟁이 남정식을 궁궐로 들여보내라고 지시하고, 두 번째 편지에선 그에게 임금의 내년 질병 운세와 예방법에 대해 자세히 알아보라고 지시하고 있다. 명성황후 역시 가족의 안위를 걱정하는 아내이자 어머니였던 것이다.

네 자녀를 잃고

명성황후는 일가친척에게 많은 관심을 보였다. 특히 민영소의 아들 충경이에 대해서는 유독 많은 애정을 쏟았다.

글씨 보고 밤사이에 아무 탈 없이 지낸 일 든든하며, 여기는 임금의 문안도 아주 평안하시고 동궁의 정황도 매우 평안하시니 축수하며, 나는 한결같다. 오늘 일기는 하루 종일 큰비가 갑자기 세차게 내리니 괴상하다. 장마가 처음인 듯하다. 너는 오늘도 낫지 않은 일이 답답하고, 충경이는 안질이 더욱 심해지니 답답하고 염려된다. 이 웅담은 품질이 매우 좋기 때문에 한 푼을 보내니 어서 나으면 좋겠다. 감조관(국가의 공사 담당자)은 알아보아야 하겠다.

글씨 보고 밤사이에 잘 잔 일 든든하며, 여기는 임금의 문안도 아주 평안하시고 동궁의 정황도 매우 평안하시니 축수하며, 나는 한결같다. 오늘 일기는 춥고 차며, 충경이는 안질이 더욱 심해진 일이 염려스럽기가 헤아릴 수 없다. 아까 양의 간을 다섯 부 보내었는데 보았느냐. 성실하게 좀 먹여보고 서양 의사에게나 좀 보이면 좋겠다. 안질이 오래되면 조심스럽다.

글씨 보고 밤사이에 잘 잔 일 든든하며, 형님(민웅소의 어머니)께서는 편치 아니하시니 답답하다. 충경이는 나가 잘 잔 일 든든하고, 나귀로 인해 그렇듯 좋아하는 일이 기특하나 추운 날에 코가 막히는 일이 답답하고, 나귀의 성미가 경망하니 탈 때마다 잘 붙들어주어라. 조심스럽다. 그 놈은 자라나면 너보다도 나을 것이니 기특하다. 여기는 임금의 문안도 아주 평안하시고 동궁의 정황도 매우 평안하시니 축수하며, 나는 한결같으나 담(痰)으로 인해 생긴 열로 괴롭다. 오늘 일기는 화창하지만 춥고 차다.

충경이는 민영소의 아들 민충식(1881~1933)의 아명(兒名)이다. 명성황후는 첫 번째 편지에서 충경이의 안질이 점점 심해져 걱정된다고 하면서 약으로 웅담을 보내주고, 두 번째 편지에서도 양의 간을 구해 보내면서 그래도 낫지 않으면 서양 의사를 찾아가보라고 권하고 있다. 마지막 세 번째 편지에서는 충경이의 감기를 걱정하는 한편 나귀를 탈 때 아주 위험하니 곁에서 잘 붙들어주라고 당부하고 있다. 충경이에 대한 명성황후의 애정은 마치 자애로운 할머니 같다.

그런데 명성황후는 왜 이렇게 충경이에게 사랑을 쏟았을까? 그녀는 세자를 제외하고 네 명의 자식을 모두 1년도 안 되어 잃었고, 세자마저도 병약하여 아들을 낳지 못했다. 그래서 충경이가 아들이나 손자처럼 느껴져서 더욱 사랑을 쏟았을 것이다. 그렇지 않으면 충경이를 친정 집안의 또 다른 후계자, 즉 양손으로 삼고자 했던 듯하다.

폭탄테러로 생긴 불면증

명성황후는 기존의 강인한 인상과 달리 끊임없이 질병에 시달리고 있었다. 그녀가 주로 호소하는 질병은 각통(脚痛), 담체(痰滯: 소화불량), 두통, 복통, 해소 등이었다. 우선 담체로 고생하는 모습부터 간략히 살펴보자.

> 글씨 보고 든든하다. 일기 갈수록 추운데 신상에 아무 탈 없이 지내는 일 기쁘다. 여기서는 임금의 문안도 아주 평안하시고 동궁의 정황은 매우 평안하시니 축수하고, 나는 그동안 담체로 인하여 정신 모르고 지내다가 오늘에야 정신이 조금 났으나 미음도 맛이 순하지 못하고 자주 체하니 괴롭기 헤아릴 길이 없다. 기별한 말은 그대로 하려 한다.

역시 임금과 동궁의 안부부터 전한 뒤, 그동안 자신은 담체로 고생하다가 오늘에야 조금 나아졌으나 여전히 자주 체하며 아프다고 말한다.

하지만 명성황후를 가장 힘들게 한 것은 역시 밤에 잠을 자지 못하는 불면증이었다. 불면증을 호소하는 편지가 상당수 전해지고 있다.

> 글씨 보고 밤사이에 잘 잔 일 든든하며, 여기는 임금의 문안도 끝내 회복되지 못하시니 안타깝고 동궁의 정황은 매우 평안하시니 축수하며, 나는 한결같다. 감기와 잠을 못 자기가 한결같으니 괴롭다. 너는 오늘은 이름을 물어 집으로 갈 일이 든든하며, 여기서는 의례히 할 일이나 임금의 뜻에 불가하게 아시니 남이 어찌하는지 차차 보고 해야지 여기서 먼저 할 것은 없다. 오늘 일기는 춥고 차다.

명성황후는 폭탄테러로 친정식구들을 모두 잃고 말았다. 그래서 원통함과 두려움으로 밤에는 잠을 못 자고 이튿날 정오나 되어서야 겨우 잠들 수 있었다. 그래서인지 편지에도 항상 "밤사이에 잘 잔 일 든든하며", "밤사이에 아무 탈 없이 지낸 일 든든하며"라는 인사를 맨 먼저 하곤 했다. 명성황후가 쓴 편지를 보면 "잠을 못 자서 괴롭다", "밤에 잘 자길 기대한다", "약을 복용했는데 편히 잘 수 있을지 모르겠다"라고 하면서 지속적으로 불면증을 호소하고 있다. 잠은 인간의 3대 욕구 중하나인데, 불면증이 얼마나 큰 고통이었을지 짐작할 만하다.

명성황후와 대원군의
대립과 견제

원래 왕비는 국정 운영에 직접 참여하지는 않았다. 하지만 명성황후는 국모로서 조정의 각종 일이나 외교 관계, 인사 문제에 이르기까지 적극적으로 관여했다. 그 과정에서 시아버지인 대원군과 팽팽히 대립하게 된 것은 당연한 결과일 것이다.

먼저 명성황후가 대원군을 견제하는 모습부터 살펴보자. 이하는 중복을 피하기 위해 편지의 앞부분은 생략하고 본론 부분만 인용하기로 한다.

오늘 일기는 맑고 온화하다. 성기운이 전한 생각은 자세히 알았다. 어제 그에 대한 말씀을 임금께서 하교하셔서 들었다. 그러나 임금께서 그 말에 들은 체 아니하시니 걱정하지 마라.

오늘 일기도 춥고 차며 성기운에게 일러 아뢰기를 그 표를 작성하여 바칠 때 인천으로 전달하러 갔으니 오는 대로 바칠 줄로 아뢰고 오늘은 바치지 말라고 하여라. 오늘 성기운이 궁궐에 들어갈 것을 준비하고 있는 중이니 지금 편지로 통지하여라. 잘못하면 낭패다. 지금 하여라.

글씨 보고 든든하며, 성기운에게는 혹 너의 편지가 미치지 못할까 하여, 영달이를 시켜 또 일렀는데, 너의 편지를 보니 잘한 것을 내가 또 잘못 일렀기에, 상호더러 성기운을 보고 바른 말대로 또 이르라고 하였다.

성기운은 1884년 중국 천진의 서기관, 1885년 홍문관 수찬, 동부
승지, 인천부사 등을 지낸 인물로, 대원군이 천진에 있을 때 그의 동태
를 감시하는 역할을 맡았던 것으로 추정된다. 그러면서 명성황후는 대
원군을 견제했던 듯한데, 위의 편지에선 그와 은밀히 연락을 주고받거
나 각종 정보를 고종에게 아뢰도록 지시하는 모습이 나타나 있다. 하지
만 이번 일은 뭔가 잘못된 듯 다급히 조정하고 있다.

명성황후는 외교 문제에도 깊숙이 개입했다. 대표적으로 중국과의
외교 문제에 대해 민영소와 의논하는 모습을 살펴보자.

> 덕니(데니: 1880년대 말엽 조정의 외교 고문으로 임명된 미국인)는 자기의 처
> 를 보려고 나간다 하더니 소식도 없이 갔으니 괴상하며, 이제 요
> 점을 보니 요와 왕석창이 북경으로 가서 공친왕(황족)을 만나 조
> 선에 있는 원세개의 말을 한다 하였으니 하회(下回)가 어찌될지
> 궁금하고, 이홍장이 마건충에게 편지를 하여 저곳(조선)에 당도해
> 있는 원세개를 본국으로 데리고 가라고 하나 안 된다고 하였으
> 니, 무슨 동정이 있는 모양이어서 하회가 어떠할지 조급하고 민
> 망하다. 홍승목은 상소하라 하여라. 광유는 그리하라 하여라. 사
> 헌부의 신하들이 명정(銘旌) 일로 아뢰나 어느 때 못하여 구태여
> 그처럼 번거한 때를 당하여 이름의 명예를 구한단 말이냐. 가련
> 한 사람이다.

임오군란 이후 조선은 청나라에 의존할 수밖에 없었다. 특히 원세개는 마치 조선의 상왕처럼 군림했다. 이에 고종은 데니를 통해 이홍장에게 원세개의 본국 소환을 요청했다. 이 편지는 당시 조선의 긴박한 상황을 잘 보여주고 있다. 명성황후는 원세개의 소환에 관심을 갖고 예의주시하고 있었다. 또한 홍승목에게 상소하도록 하거나 광유에게 이전대로 하라고 지시하는 등 국내 정치에도 적극적으로 개입하고 있다.

끝으로 명성황후는 조정의 인사 문제에도 개입했으며, 특히 자신과 가까운 사람들의 인사에 깊숙이 관여했다. 물론 자신이 직접 벼슬을 제수할 수는 없으므로 고종을 움직여 제수토록 하는 간접적인 방식이었다. 명성황후의 편지 중에는 이러한 내용의 편지가 가장 많은 비중을 차지하고 있다.

> 서상조는 보았다. 안준옥은 제천으로 옮기고 정동기는 못 옮겼다. 너의 형(민영승)은 은진으로 하였다. 변변치 아니하나 아직 갔다가 차차 옮기게 하는 것이 좋을 것 같아 그리하였고, 한산수령은 영월수령으로 하였다.

> 글씨 보고 든든하며, 안준옥은 이천부사로 보내었다. 저의 아우를 생각하니 너무 불쌍하다.

> 민영복(민영소의 동생)의 검교는 그리하겠다. 임금을 모신 것에 대해 상을 내리는 일은 알아보겠다. 안준옥은 자리를 옮기겠다. 오늘 일기도 춥고 차다.

이처럼 명성황후는 많은 사람들의 인사 문제에 적극적으로 개입했다. 그런데 위의 편지에서 서상조와 안준옥은 임오군란 때 명성황후에게 도움을 주었던 인물이며, 민영승과 민영복은 민영소의 형과 동생이다. 명성황후는 자신과 가까운 사람들에게 벼슬을 내림으로써 권력을 유지하거나 확대하고자 했던 것이다.

이와 같이 명성황후는 국정 운영에 적극적으로 참여하며 사실상 권력의 중심에 있었다. 그렇다고 해서 명성황후가 마음대로 국정을 휘두른 것은 아니었다. 위의 편지들에서 "임금의 뜻에 불가하게 아시니", "임금께서 그 말에 들은 체 아니하시니", "안준옥은 제천으로 옮기고 정동기는 못 옮겼다"라는 말에서 알 수 있듯이 국정의 최종 권한은 고종에게 있었던 것이다. 다시 말해 명성황후는 고종의 국정 파트너에 불과했던 것이다.

배려심과
단호함

명성황후의 소통법의 특징으로는 우선 배려심을 들 수 있다. 명성황후는 항상 임금과 동궁의 안부를 먼저 전한 뒤 자신의 안부는 마지막에 전하곤 했다. 자신의 신변이 위협받고 있는 상황에서도 늘 가족의 안위를 먼저 생각했던 것이다. 또한 충경이의 건강을 걱정하고 약을 보내는 등 애정을 쏟는 장면에서는 강한 모성애가 느껴진다. 다시 말해 명성황후도 왕비이자 국모이기에 앞서 한 가정의 아내이자 어머니였던 것이다.

두 번째 특징은 왕실 사람들 특유의 권위적인 화법을 구사하고 있다는 것이다. 자신의 뜻을 간결한 문장으로 확실하게 전달하고 있으며, 주로 '~하라', '~하노라', '~하느냐' 같은 종결어미를 구사하고 있다. 그리고 상대방에게 뭔가를 하도록 하는 지시형 표현을 많이 쓰고 있다. 또 명성황후가 쓴 편지를 보면 글씨체 역시 각지고 강렬한 편이다. 이것이야말로 명성황후의 단호하고 강한 성격을 잘 대변해주는 게 아닐까 한다.

08

엄격하고 깐깐한 아버지,

다산 정약용

　다산 정약용은 각종 국가 제도를 개혁하고자 한 경제치용학파이자 조선 후기 실학을 집대성한 학자였다. 또 정치, 경제, 법, 사회, 문화, 예술, 의학 등의 다방면에서 총 500권이 넘는 저서를 남긴 다작가였다. 뿐만 아니라 그는 한강에 배다리를 설치하고, 수원 화성을 설계하고 거중기를 개발하는 등 여러 가지 기술적 업적을 남겼다. 그래서 많은 사람들이 다산을 최고의 실학자로 꼽기도 한다.

　그에 비해 다산의 인간적 면모, 특히 아버지로서의 모습에 대해 아는 사람은 그리 많지 않은 듯하다. 물론 지금까지 많은 연구자들이 다산은 자녀교육뿐 아니라 소통 능력도 매우 뛰어난 조선 후기의 대표적인 교육자이자 소통가로 보기도 한다. 하지만 다산의 자녀교육법과 소통법이 과연 올바르고 귀감이 될 만한지는 좀 더 생각해볼 필요가 있다.

다산초당의 알려지지 않은
뒷이야기

다산 정약용(1762~1836)은 경기도 광주(지금의 남양주시 조안면 능내리 마현)에서 아버지 정재원과 어머니 해남윤씨 사이에서 4남 2녀 중 넷째 아들로 태어났다. 그의 집안은 근기 남인의 대표적인 명문가였고, 외가는 해남윤씨 윤선도 가문이었다.

다산은 어릴 적부터 매우 영민했고, 기억력이 아주 뛰어났다고 한다. 황현의 『매천야록』에 이러한 일화가 실려 있다.

다산은 기억력이 매우 뛰어났는데 사람들은 계곡 장유에 견주었다. 정승 이서구가 어느 날 영평(경기도 포천. 이서구의 거주지)에서 대궐로 가다가 한 소년이 한 짐의 책을 말에 싣고 북한산의 절로 가고 있는 것을 보았다. 10여 일 후 고향으로 돌아가는데 다시 한 짐의 책을 싣고 나오는 저번의 그 소년을 만났다. 이서구가 이상히 여겨 물었다. "너는 웬 놈인데 책을 읽지 않고 다만 가거니 오거니 한단 말이냐?" 소년이 대답하기를 "다 읽었습니다" 하였다. 이서구가 놀라서 물었다. "싣고 가는 게 무슨 책이냐?" "『자치통감강목』입니다." "그것을 어떻게 10여 일 만에 다 읽을 수 있단 말이냐?" "읽었을 뿐만 아니라 외울 수도 있습니다." 이서구가 드디어 수레를 세우고 책을 임의로 뽑아서 시험을 해보았더니 거의 암송하는 것이었다. 그 소년이 바로 다산이었다.

다산은 열다섯 살에 풍천홍씨 홍혜완과 결혼하여 6남 3녀를 낳았지만 그중 4남 2녀가 요절하여 큰아들 정학연(1783~1859), 작은아들 정학유(1786~1855), 딸만 두게 되었다. 유배시절에 소실(첩)을 두어 서녀 홍임이를 낳기도 했는데, 이에 대해서는 뒤에서 차근차근 살펴보자.

비교적 이른 나이인 스물세 살에 과거에 급제한 다산은 이후 정조의 총애를 받으며 예문관 검열, 사간원 정언, 사헌부 지평, 경기암행어사, 곡산부사, 형조참의 등 화려한 관직생활을 했다. 그리고 배다리 설치, 수원 화성 설계와 거중기 개발 등 유명한 업적을 쌓기도 했다.

하지만 1800년 6월에 정조가 승하하자 상황이 크게 달라졌다. 젊은 시절 다산은 서학(천주교)에 깊은 관심을 가졌다. 성리학과 달리 서학은 모든 인간이 평등하다고 했고, 그와 함께 전래된 서양의 과학문물이 놀라웠기 때문이다.

그런데 1801년 1월 어린 순조를 대신해 섭정하게 된 정순왕후는 천주교를 탄압하는 신유박해를 일으켰다. 이때 다산의 집안은 완전히 몰살당할 위기에 처했다. 다산은 경상북도 포항의 장기로 유배되었고, 둘째 형 정약전은 전라도 신지도로 유배 갔으며, 셋째 형 정약종은 참수를 당했다. 그해 10월에는 황사영 백서사건(다산의 조카사위 황사영이 신유박해 사건의 전말을 기록하여 북경의 천주교회에 보고하려다 적발된 사건)까지 일어나 다산의 집안은 그야말로 '폐족(廢族)', 즉 멸망한 가문이 되고 말았다. 이 일로 인해 다산은 서울로 압송되어 혹독한 고문을 당하고 전라도 강진으로 유배되었다.

강진에 유배된 다산은 처음 4년 동안은 강진읍 동문 밖 주막집에서, 이후 1년 여간은 고성사의 보은산방에서, 다시 2년 여 동안은 제자 이학래의 집에서 거처하다가, 1808년 봄 강진군 도암면 귤동 뒷산의 다

164

산초당으로 옮겨가 11년간 거처했다. 성균관대 임형택 선생이 발굴한 자료 「남당사(南塘詞)」에 따르면, 이곳 다산초당에서 그는 음식과 의복 수발을 위해 소실(妾)을 들였고, 딸 하나를 얻었는데 이름이 '홍임(紅任)'이었다. 다산은 소실을 '홍임이 모(母)'라 부르곤 했다. 우리는 다산초당이라고 하면 다산학의 산실로만 알고 있으나 이런 뒷이야기도 숨어 있다.

다산은 유배생활 중에도 후진을 양성하는 한편 끊임없는 학문과 집필활동으로 수많은 저서를 남겼다. 주로 『논어』, 『시경』, 『춘추』 등 유교 경전을 연구하거나, 『목민심서』(목민관이 지켜야 할 지침서), 『경세유표』(행정기구, 토지제도, 부세제도 등 국가 제도의 개혁서), 『흠흠심서』(형법서) 등 실학사상을 집대성했다. 그의 저서들은 사후에 총 500여 권에 이르는 『여유당전서』로 정리되었다.

유배지에서
두 아들에게 보낸 편지

다산 역시 평생 동안 많은 한문 편지를 썼다. 현재는 『여유당전서』 권18의 증언(贈言), 가계(家誡), 서(書) 등에 241여 편의 편지가 수록되어 있다. 이 가운데 다산의 인간적 면모와 소통법을 가장 잘 보여주는 것이 유배지에서 자식들에게 보낸 편지다. 박석무 선생은 다산이 유배지에서 두 아들, 둘째 형, 제자들에게 보낸 편지를 따로 번역하여 『유배지에서 보낸 편지』라는 유명한 책을 내놓기도 했다.

1801년 유배 당시 다산의 나이는 40세, 큰아들 학연은 18세, 작은 아들 학유는 15세, 후일 윤창모에게 출가한 딸은 8세였다. 천주교 박해로 폐족이 되어 자식들은 더 이상 과거시험을 보거나 벼슬길에 오를 수 없었다. 이러한 처지에서 다산은 자식들이 혹시나 공부를 등한시하거나 몸가짐을 함부로 하며, 집안 살림이 궁색해지지 않을까 걱정하지 않을 수 없었다. 이 때문에 유배지에서 자주 편지를 보내 자식들을 교육시키고 집안일을 돌보는 등 가장으로서의 책임을 다하고자 했다. 특히 몰락한 가문을 회복하고, 자신의 학문을 계승시키며, 가산을 일으킬 방법을 알려주고자 했다. 그는 때로는 독려하고 때로는 혹독하게 질책하면서 가문 유지에 심혈을 기울였다. 여기서는 그 대표적인 사례를 바탕으로 다산의 인간적 면모와 소통법을 자세히 살펴보도록 하자.

폐족의 처지가 되었으니
진정으로 독서할 때

다산은 폐족의 처지가 되자 자식교육에 더욱 신경을 썼다. 그는 자식교육으로 가문의 위기를 극복하고자 했는데, 그래서인지 더욱 교육열을 불태웠다.

그는 자식들에게 편지를 보내 독서를 강조했다. 다음 편지는 유배 이듬해인 1802년 12월에 두 아들에게 보낸 것인데, 내용이 길어 핵심적인 부분을 중심으로 살펴보도록 하자.

우선 다산은 폐족의 처지가 오히려 독서하기 좋은 기회라고 단도직입적으로 말한다. 특히 벼슬하다가 갑자기 재난을 당한 집안의 사람들이 독서를 하기에 가장 좋다고 강조한다. 부잣집 자식이나 촌구석 아이들과 달리 의미를 제대로 알고 책을 읽을 수 있기 때문이란다.

이제 너희들은 망한 집안의 자손이다. 그러므로 더욱 잘 처신하여 본래보다 훌륭하게 된다면 이것이야말로 기특하고 좋은 일이 되지 않겠느냐? 폐족으로서 잘 처신하는 방법은 오직 독서하는 한 가지 방법밖에 없다. 왜냐하면 독서라는 것은 사람에게 있어서 가장 중요하고 깨끗한 일일 뿐만 아니라 호사스러운 집안 자제들에게만 그 맛을 알도록 하는 것도 아니고 또 촌구석 수재들이 그 심오함을 넘겨다볼 수가 없는 것이다. 반드시 벼슬하는 집안의 자제로서 어려서부터 듣고 본 바도 있는 데다 중간에 재난을 만난 너희 같은 젊은이들만이 진정한 독서를 하기에 가장 좋은 것이다. 그네들이 책을 읽을 수 없다는 것이 아니라 의미도 모르면서 그냥 책만 읽는다고 해서 되는 것이 아니기 때문이다.

그러고는 두 아들을 향해 열심히 독서할 것을 당부한다. 큰아들 학연에게는 탁월한 글 솜씨를 칭찬한 후 예전엔 과거시험 때문에 제대로 공부하지 못했지만 이젠 폐족의 처지가 되었으니 진정으로 독서할 때를 만났다고 조언한다. 작은아들 학유에게는 생각이 깊은 아이이니 열심히 독서하면 머잖아 형을 따라잡을 수 있을 것이라고 독려한다.

너희들 중에 큰아들 학연의 재주와 기억력은 내가 젊었을 때보다는 조금 떨어진 듯하나 열 살 때 지은 네 글을 나는 스무 살 적에도 짓지 못했을 것 같고, 이 근래에 지은 글은 지금의 나로서도 미치지 못할 것이 더러 있으니, 그것은 네가 효과적으로 공부하는 길을 택했고 견문이 조잡하지 않았기 때문이 아니겠느냐. 네가 곡산에서 공부하다 집으로 돌아간 뒤 내가 과거 공부를 하라고 한 적이 있었지? 그 당시 주위에서 너를 아끼던 문인이나 시를 짓던 선비들은 본격적인 학문을 시킬 일이지 과거 따위나 시키고 있느냐고 모두 나를 욕심쟁이라고 나무랐고, 나도 마음이 허전했었다. 그러나 이제 너는 과거에 응시할 수 없게 되었으니 과거 공부로 인한 그런 걱정은 안 해도 되겠구나. 내 생각에는 네가 이미 진사도 되고 과거에 급제할 실력은 족히 된다고 본다. 글을 알면서도 과거 때문에 오는 제약을 벗어나는 것과 진사도 되고 급제한 사람이 되는 것 중 어느 편이 나은 일인가는 말하지 않더라도 잘 알 것이다. 너야말로 참으로 독서할 때를 만났다. 지난번에 말했듯이 가문이 망해버린 것 때문에 오히려 더 좋은 처지를 이룩할 수 있다는 게 바로 이런 것이 아니겠느냐.

또한 작은아들 학유의 재주와 역량을 보면 큰아들보다 주판 한 알쯤 부족한 듯하나 성품이 자상하고 무엇이든지 생각해보는 사고력이 있으니, 진정으로 열심히 책 읽는 일에 온 마음을 기울이면 어찌 형을 따를 수 없다고 하겠는가? 근래에 둘째의 글을 보니 조금 나아졌기에 내가 알 수가 있다.

마지막으로 다산은 자식들이 독서를 해야 할 이유를 분명히 알려준다. 자신은 두 아들을 위해 책을 쓰는데 만약 그들이 독서하지 않는다면 그 책들은 쓸모없는 것이 되어버린다는 것이다. 그럼 자신은 분명 병이 나서 죽을 것이라고 하면서 거의 협박조로 독서를 강조한다.

또한 나는 천지간에 의지할 곳 없이 외롭게 서 있는지라 마음 붙여 살아갈 곳은 글과 붓이 있을 뿐이다. 문득 한 구절이나 한 편 정도 마음에 드는 곳을 만났을 때 다만 혼자서 읊조리거나 감상하다가 이윽고 생각하길 이 세상에서는 오직 너희들에게나 보여줄 수 있겠다 여기는데, 너희들 생각은 독서에서 이미 연나라나 월나라처럼 멀리 떨어져나가서 문자를 쓸데없는 물건 보듯 하는구나. 몇 년의 세월이 쏜살같이 지나가, 그동안 너희들은 나이가 들어 신체는 커지고 또한 수염까지 덥수룩한 그 모습을 대한다면 밉상스럽게 되어 있을 텐데 어찌 나의 책을 읽으려고 하겠느냐. 내가 보기에는 천하에 불효자였던 조나라의 조괄은 아버지의 글을 잘 읽었기 때문에 나중에는 어진 아들이 되었다고 생각한다. 너희들이 참으로 독서를 하고자 하지 않는다면 내 저서는 쓸모없는 것이 되고 말 것이다. 내 저서가 쓸모없다면 나는 할 일이 없는 사람이 되고 만다. 그렇다면 나는 앞으로 마음의 눈을 닫고 흙으로 빚은 사람처럼 될 뿐 아니라 열흘이 못 가서 병이 날 거고 이 병을 고칠 수 있는 약도 없을 것인즉, 너희들이 독서하는 것은 내 목숨을 살려주는 것이다. 너희들은 이런 이치를 생각해보거라.

난리를 당한 집안에서
이름난 학자가 나오는 법

또한 다산은 자식들에게 폐족의 처지
에서 더욱 열심히 공부하지 않으면 자신의 집안(가문)은 끝장날 것이라
고 강조했다. 다음은 1803년 1월 1일 두 아들에게 보낸 편지다. 내용이
워낙 길어 조금씩 나누어 차례대로 살펴보도록 하자.

1803년 새해를 맞아 다산은 자식들에게 편지를 보내 1년 동안 공부
할 계획을 미리 세우라고 지시한다. 특히 자신의 경험담을 들어 그 방
법을 구체적으로 알려준다.

새해가 밝았구나. 군자는 새해를 맞으면서 반드시 그 마음가짐
이나 행동을 새롭게 하려고 한다. 나는 소싯적에 새해를 맞을 때
마다 꼭 1년 동안 공부할 과정을 미리 계획해보았다. 예를 들면
무슨 책을 읽고 어떤 글을 뽑아 적어야겠다는 식으로 작정을 해
놓고 꼭 그렇게 실천하곤 했다. 때론 몇 개월 못 가서 사고가 발
생해 계획대로 되지 않을 때도 있었지만, 아무튼 좋은 일을 행하
고자 했던 생각이나 발전하고 싶은 마음은 없어지지 않아 많은
도움이 되었다.

이어 다산은 지금까지 계속 공부하라고 권했지만 자식들은 들은 체
도 하지 않았다면서, "너희들은 내 이야기를 이다지도 무시한단 말이
냐?"라고 호통친다. 또한 자식들이 공부하지 않는 이유를 어린 시절 문
전의 잡객이나 시중드는 하인, 아전 등 주위 사람들의 영향 때문이라고

단정 지은 뒤, 이러다가 자식들이 쓸모없는 사람이 될까 봐 걱정되어 지난해에는 병까지 들었다고 말한다. 급기야 "너희들은 집에 책이 없느냐? 몸에 재주가 없느냐? 눈이나 귀에 총명이 없느냐? 어째서 포기를 하려 하느냐? 영원히 폐족으로 살아갈 셈이냐?"라고 몹시 화난 어투로 한바탕 야단을 퍼붓기까지 한다.

내가 지금까지 너희들 공부에 대해서 수없이 글과 편지로 권했음에도 불구하고 너희는 아직 경전이나 예악에 관해 하나도 질문을 해오지 않고 역사책에 관한 논의도 보여주지 않고 있으니 어찌된 셈이냐? 너희들은 내 이야기를 이다지도 무시한단 말이냐? 도회지에서 자라난 너희들이 어린 시절에 보고 배운 것은 문전의 잡객, 시중드는 하인이나 아전들뿐이어서 말씨나 마음씨가 약삭빠르고 비천할 수밖에 없겠지. 이런 못된 병이 골수에 박혀 너희 마음속에 착한 행실을 즐겨 하고 공부하려는 뜻이 전혀 없는 것이다. 내가 밤낮으로 애태우며 돌아가고 싶어하는 것은 너희들 뼈가 점점 굳어지고 기운이 점점 거칠어져 한두 해 더 지나면 완전히 나의 뜻을 저버리고 보잘것없는 생활로 빠져버리고 말 것이라는 초조함 때문이다. 지난해에는 그런 걱정에 병까지 얻었었다.

지난여름은 앓다가 세월을 허송했다니 10월 이후로는 더 말하지 않겠다만, 그렇더라도 마음속에 조금의 성의만 있다면 아무리 난리 속이라도 반드시 진보할 수 있는 법이다. 너희들은 집에 책이 없느냐? 몸에 재주가 없느냐? 눈이나 귀에 총명이 없느냐?

어째서 스스로 포기를 하려 하느냐? 영원히 폐족으로 살아갈 셈이냐? 너희 처지가 비록 벼슬길은 막혔다 하더라도 성인이 되는 일이야 꺼릴 것이 없지 않느냐. 문장가가 되는 일이나 통식달리(通識達理)의 선비가 되는 일은 꺼릴 것이 없지 않느냐. 꺼릴 것이 없는 것뿐 아니라 과거 공부하는 사람들이 빠지는 잘못을 벗어날 수도 있고, 가난하고 곤궁하여 고생하다 보면 그 마음을 단련하고 지혜와 생각을 넓게 되어 인정이나 사물의 진실과 거짓을 옳게 알 수 있는 장점을 가지고 있는 것이다.

이윽고 마음을 가라앉힌 다산은 율곡 이이, 우담 정시한, 성호 이익 등 역경을 딛고 일어선 사람들을 소개하면서 자식들에게도 그런 분들을 본받으라고 당부한다. 하지만 또다시 화가 치미는지 극단적 발언을 서슴지 않는다. 폐족의 자식으로서 공부하지 않는다면 마침내 더러운 천민 신분으로 추락할 것이요, 그럼 혼삿길이 막혀 천민과 결혼하여 기형아를 낳을 뿐 아니라 결국 집안도 파탄난다는 것이다.

그런 까닭에 선배로서 율곡 이이와 같은 분은 어버이를 일찍 여의고 그 어려움을 참고 견디어 얼마 안 있어 마침내 지극한 도를 깨쳤고, 우리 집안의 선조 우담 정시한 선생께서도 세상 사람들의 배척을 받고서 더욱 덕이 높아졌고, 성호 이익 선생께서도 난리를 당한 집안에서 이름난 학자가 되었으니, 이분들 모두가 다 당대의 고관대작 집안의 자제들이 미칠 수 없는 훌륭한 업적을 남겼다는 것을 너희도 일찍부터 들어오지 않았느냐?

폐족에서 재주 있는 걸출한 선비가 많이 나오는 것은 하늘이 재주 있는 사람을 폐족에서 태어나게 하여 그 집안에 보탬이 되게 하려는 것이 아니다. 부귀영화를 얻으려는 마음이 근본정신을 가리지 않아 깨끗한 마음으로 독서하고 궁리하여 진면목과 바른 뼈대를 얻을 수 있기 때문이다. 평민으로 배우지 않으면 못난 사람이 되고 말지만, 폐족으로서 배우지 않는다면 마침내는 도리에 어긋나고 비천하고 더러운 신분으로 타락하게 되고 아무도 가까이하려고 하지 않아 결국 세상의 버림을 받게 되고 혼인할 길마저 막혀 천한 집안과 결혼을 할 것이며, 물고기의 입술이나 강아지의 이마 몰골을 한 자식이 태어나면 그 집안은 영영 끝장 나는 것이다.

마침내 다산은 자신이 꿈꾸는 세상을 들려준다. 만약 자신이 유배에서 풀려나 자식들과 함께 있다면 효제(孝悌)와 화목 등 유교적 덕목을 실천하고, 학문하는 틈틈이 집안일을 거들며, 간혹 손님 접대를 잘한다면 머잖아 가문이 중흥하리라는 것이다.

내가 유배생활에서 풀려 몇 년간이라도 너희들과 생활할 수만 있다면 너희들의 몸과 행실을 바르게 잡아주어 효제를 숭상하고 화목하는 일에 습관 들게 하며 경사(經史)를 연구하고 시례(詩禮)를 담론하면서 3, 4천 권의 책을 서가에 진열하고 1년 정도 먹을 양식을 걱정 안 해도 되고, 원포(園圃)·상마(桑麻)·소과(蔬果)·화훼·약초 등을 심어 잘 어울리게 하여 그것들이 무성하게 자라는 것을 구경하면 마음이 즐거울 것이다. 마루에 오르고 방에 들면 거문고 하나 놓여 있고, 주안상이 차려져 있으며, 투호 하나, 붓과 벼루, 책상, 도서들이 품위 있고 깨끗하여 흡족할 만할 때에 마침 반가운 손님이 찾아와 닭 한 마리에 생선회 안주 삼아 탁주 한 잔에 맛있는 풋나물로 즐겁게 먹으면서 어울려 고금의 일을 논의하면서 흥겹게 산다면, 비록 폐족이라 하더라도 안목 있는 사람들이 부러워할 거고, 이렇게 한두 해의 세월이 흐르다 보면 반드시 중흥의 여망이 비치게 될 것이 아니겠느냐? 이 점 깊이 생각해보도록 하여라. 이런 일조차 하지 않을 셈이냐?

이처럼 다산은 무엇보다 가문 회복을 위해 자식들에게 열심히 공부하라고 강조했다. 특히 '문전의 잡객, 시중드는 하인이나 아전', '비천하고 더러운 신분', '천한 집안'이라고 표현하면서 노골적으로 신분의식과 가문의식을 자식들에게 주입하고 있다. 그가 과연 젊은 시절에 모든 인간은 평등하다는 서학에 빠지고, 실학을 연구한 사람이라고 말할 수 있을지 의문이 든다. 다시 말해 그는 서학이나 실학을 실천적 측면이 아닌 이념적·학문적으로만 공부했다는 것이다. 그렇다면 서학을 했다는 이유로 고문과 유배를 당한 다산은 참 억울해했을 듯하다.

공부 안 하는
자식들에게 내린 지시

더 나아가 다산은 자식들이 공부를 등한시하면 과도한 숙제를 내주거나 유배지까지 내려와 자기 밑에서 공부하도록 했다. 다음 편지는 다산초당으로 거처를 옮긴 뒤인 1808년 겨울에 큰아들 학연에게 보낸 것이다.

네 동생 학유의 재주는 너에게 비하면 조금 부족한 것 같다. 그런데 금년 여름 고체시와 운이 안 달린 부를 짓게 했더니 좋은 작품들이 많이 나왔다. 가을 무렵에는 『주역』을 베끼는 일에 힘쓰느라 비록 독서는 많이 못했다. 그 아이의 견해는 제법이고, 요즘은 『좌전』을 읽는데, 옛 임금의 제도라든지 사대부들의 예법은 거의 다 배워 아주 잘 알고 있어 꽤 볼 만한 지경에 이르렀다.

그런데 너는 본래 네 동생에 비해 재주가 조금 낫고 어렸을 때 독서한 것도 동생에 비해 대강 갖추어졌으나 이제라도 용맹스럽게 뜻을 세워 분연히 향학열을 돋운다면 서른이 넘기 전에 응당 대학자로서 이름을 얻을 것이다. 그런 뒤에는 쓰거나 버리거나, 나아가 도를 행하거나 물러나 은거하는 일은 잘될 것이라 말할 필요도 없다. 자질구레한 시율 정도에 더러 명성을 얻는다 해도 쓸모없는 일이니, 아무쪼록 이번 겨울부터 내년 봄까지 『상서』와 『좌전』을 읽어야 한다. 비록 어려워서 읽을 수 없는 부분이나 난삽하고 의미가 깊은 부분일지라도 다 주석이 달려 있으니 마음을 가라앉히고 잘 연구하면 읽을 수 있을 것이다. 그리고 『고려사』, 『반계수록』, 『서애집』, 『징비록』, 『성호사설』, 『문헌통고』 등의 책들을 읽고, 그중에서 요점을 골라 옮기는 일도 그만둘 수 없느니라.

너의 학문은 점점 때를 넘기고 있고 집안 사정으로 봐서도 꼭 밖에서 유학해야 할 것 같으니, 이곳에 와서 나와 같이 지내는 것이 여러 가지로 마땅할 것 같다. 허나 대의를 모르는 집안 아낙네들이 틀림없이 놓아주지 않을 것 같다. 네 동생의 학문이나 식견은 바야흐로 봄기운이 돌아 모든 초목이 움터 오를 듯한 기세로다. 너의 처지를 딱하게 여겨 네 동생을 보내려다가 차마 보내지 못하였다. 지금 생각으로는 내년이 지나고 경오년 봄에나 보낼 수 있겠다. 너는 그날까지 허송세월을 해서는 안 된다. 백 번 생각해 보아도 집에서 공부할 의향이 없다면 머물러 기다려 네 아우와 서로 만나보고 교대하거라. 만약 그 사정이 전혀 희망이 없으면 내년 봄에 날이 화창해진 뒤 온갖 일을 과감히 떨쳐버리고 내려와서 공부하자. 이는 단연코 결행하지 않으면 안 된다. 왜냐하면 첫째로 네 마음씨가 날로 무너지고 행동거지가 날이 갈수록 비루해지니 이곳에 와서 내 가르침을 받는 것이 좋겠다. 둘째로 안목이 좁고 다급해지며 뜻과 기상이 막히고 잃어가니 이곳에 와서 내 가르침을 받는 것이 좋겠다. 셋째로는 경전 공부의 수준이 거칠고 재주와 식견이 공소해졌기에 이곳에 와서 내 가르침을 받는 것이 좋으리라. 조그만 사정이야 돌아보거나 아까워해서는 안 되리라.

작은아들 학유는 그전에 유배지인 강진으로 내려와 아버지 밑에서 열심히 공부하고 있었다. 하지만 큰아들 학연은 동생보다 재주가 있음에도 집에 머물면서 열심히 공부하지 않았던 모양이다. 이에 화가 난 다산은 또다시 강력한 어조로 내년 봄까지 『상서』와 『좌전』을 읽을 것, 그리고 『고려사』, 『반계수록』, 『서애집』, 『징비록』, 『성호사설』, 『문헌통고』 등을 읽고 요점을 정리하라는 과도한 숙제를 내준다. 그럼에도 안심이 되지 않았는지 다산은 갑자기 학연에게도 유배지로 내려와 자기 밑에서 공부하라고 지시한다. 집안 아낙들이 뇌주지 않더라도 분연히 떨치고 내려오라고 한다. 또한 세 가지 이유를 들면서, 반드시 유배지로 내려와 자신의 가르침을 받으라고 지시한다.

술은 절대
마시지 말 것

다산은 자식들에게 폐족의 처지이므로 더욱 엄격한 몸가짐을 가져야 한다고 강조했다. 평소 큰아버지에게 효도를 다하고, 친구도 효도와 우애를 기준으로 사귀라고 했다. 또 자식이 빗나간 행동을 하면 호되게 야단을 쳤다. 다음 편지는 작은아들 학유에게 절대로 술을 마시지 말라고 엄하게 가르치는 내용이다. 다소 길기는 하지만 다산의 엄격한 성품이 잘 나타나 있어 전문을 인용해본다.

너의 형이 왔을 때 시험 삼아 술 한 잔을 마시게 했더니 취하지 않더구나. 그래서 동생인 너의 주량은 얼마나 되느냐고 물었더니, 너는 네 형보다 배도 넘는다고 하더구나. 어찌 글공부에는 이 아비의 버릇을 이을 줄 모르고 주량만 훨씬 넘어서는 게냐? 이것이야말로 좋지 못한 소식이다. 너의 외할아버지(홍화보)는 술 일곱 잔을 거뜬히 마셔도 취하지 않으셨지만 평생 동안 술을 입에 가까이하지 않으셨다. 벼슬을 그만두시고 늘그막에 세월을 보내실 때 비로소 수십 방울 정도 들어갈 조그만 술잔을 하나 만들어놓고 입술만 적시곤 하셨다.

나는 아직까지 술을 많이 마신 적이 없고, 나 스스로의 주량을 알지 못한다. 벼슬하기 전에 궁궐의 중화당에서 세 번 일등을 했던 덕택으로 임금께서 소주를 옥필통에 가득 따라서 하사하시기에, 사양하지 못하고 다 마시면서 혼잣말로 "나는 오늘 죽었구나!"라고 했으나 그렇게 심하게 취하지는 않았다. 또 춘당대에서 임금을 모시고 공부하던 중 좋은 술을 큰 사발로 하나씩 하사받았는데, 그때 여러 학사들이 곤드레만드레가 되어 혹은 남쪽을 향해 절을 하고 혹은 자리에 누워 뒹굴고 하였다. 하지만 나는 내가 읽을 책을 다 읽어 내 차례를 마칠 때까지 조금도 착오 없게 하였다. 다만 퇴근했을 때 조금 취기가 있을 뿐이었다. 너희들은 지난날 내가 술을 마실 때 반 잔 이상을 마시는 걸 본 적이 있느냐?

술맛이란 참으로 입술을 적시는 데 있는 것이다. 소가 물 마시듯 마시는 사람들은 입술이나 혀에는 젖지도 않고 곧장 목구멍에다 탁 털어넣는데 그들이야 무슨 술맛을 알겠느냐? 술을 마시는 정취는 살짝 취하는 데 있는 것이지, 저렇게 얼굴빛이 홍당무처럼 붉거나 구토를 해대고 잠에 곯아떨어진다면 무슨 술 마시는 정취가 있겠느냐? 그래서 술 마시기 좋아하는 사람들은 병에 걸리기만 하면 폭사하는 경우가 많다. 술독이 오장육부에 배어들어가 하루아침에 썩어 물크러지고 온몸이 무너지고 마는 것이다. 크게 두려워할 일이다.

무릇 나라를 망하게 하고 가정을 파탄내거나 행동을 흉패하게 한 것은 모두 술 때문이었다. 그래서 옛날엔 뿔 달린 술잔을 만들어 조금씩 마시게 하였고, 더러 그러한 술잔을 쓰면서도 절주할 수 없었기 때문에 공자께서는 "뿔 달린 술잔이 뿔 달린 술잔 구실을 하지 못하면 뿔 달린 술잔이라 하겠는가!"라고 탄식하였다. 너처럼 배우지 못하고 식견이 없는 폐족 집안의 사람으로서, 못된 술주정뱅이라는 이름까지 더 가진다면 앞으로 어떤 등급의 사람이 되겠느냐? 조심하여 절대로 술을 입에 가까이하지 말거라. 제발 이 천하의 애처로운 아비의 말을 따르도록 하거라. 술로 인한 병은 등에서도 나고 뇌에서도 나며, 치질이 되기도 하고 황달도 되어 별의별 기괴한 병이 발생하거나, 한 번 병이 나면 백가지 약도 효험이 없게 된다. 너에게 바라고 바라노니 입에서 술을 딱 끊고 절대 마시지 말도록 하거라.

한 번은 다산이 시험 삼아 큰아들 학연에게 술을 마시게 하고는 동생의 주량이 형보다 세다는 것을 알게 된다. 이에 그는 당장 작은아들 학유에게 편지를 써서 "어찌 글공부에는 이 아비의 버릇을 이을 줄 모르고 주량만 훨씬 넘어서는 게냐? 이것이야말로 좋지 못한 소식이다"라고 하면서 호되게 나무란다. 그러고는 외할아버지와 자신은 비록 주량이 세지만 여태까지 그저 입술을 적시는 정도로만 술을 마셨다고 강조한다.

뒤이어 다산은 갖가지 술의 병폐를 들어 금주하라는 논리를 편다. 술을 마시면 등이나 뇌의 병, 치질, 황달 등 온갖 병이 발생하고, 막상 병에 걸리면 백약이 소용없으며 가정을 파탄시키고 나라를 망하게 한다고 말한다. 특히 폐족의 자식이 술주정뱅이가 되면 '상놈'이 되어버린다면서, 아예 술을 딱 끊으라고 한다.

한창 나이에 술을 마시며 인생에 대해 고민하거나 친구들과 어울려 노는 것은 어쩌면 당연한 이치인데, 다산은 폐족의 자식이란 이유로 너무 엄격하게 금지하려고만 했다. 이것 역시 그의 자기중심적 교육관과 폐족에 대한 과민 반응을 단적으로 보여주는 것이 아닐까 한다.

아들에게 의사를 그만두라는 '실학자' 아버지

다산의 큰아들 학연은 의술에 뛰어났다. 다산 역시 의학에 매우 밝았는데, 아마 학연은 아버지의 영향을 받아 의술에 뛰어났던 듯하다. 하지만 다산은 학연의 의술을 못마땅하게 여기며 절대로 의원 행세를 하지 말라고 했다.

네가 갑자기 의원이 되었다니, 이 무슨 의도며 무슨 이익이 있어서 그리했느냐? 네가 의술을 빙자하여 벼슬아치들과 사귀면서 아버지의 석방을 도모하고 싶어서 그러느냐? 그런 일은 해서도 안 되겠지만 그럴 수도 없을 거다. 그리고 세상에서 말하듯이 덕을 베푸는 것처럼 하고 다니는 사람을 너는 알지 못하느냐? 돈 안 드는 입술을 지껄여 너의 뜻을 기쁘게 해주고는 돌아가서 비웃는 사람이 대부분이란 걸 너는 아직 깨닫지 못했단 말이냐? 넌 지시 권세 있음을 보이며 몸을 구부리고 땅에 엎드리게 하도록 할 때 너는 그 술수에 빠져들게 되니 너야말로 어리석은 사람이 아니더냐?

무릇 높은 벼슬이나 깨끗한 직책에 있는 사람, 덕이 높고 학문이 깊은 사람은 의술에 대하여도 터득하고 있다. 하지만 그들 스스로 천하게 의원 노릇을 하지 않고, 병자가 있는 집안에 바로 찾아가 묻지 않고, 서너 차례 간곡한 부탁을 받고 위급하여 어쩔 수 없을 경우에야 겨우 찾아가 한 가지 처방을 해주어 귀중한 처방으로 여기게 하는 것이 옳다.

요즘 너는 크게 소리를 내고 문을 활짝 열어놓고서 모든 종류의 사람들을 방에 가득 모이게 하여 별의별 사람들을 내력도 모르고 사귀면서 재워주고 먹여준다나, 그게 무슨 변고냐? 이후로도 네가 하는 일을 모두 들을 것이다. 네가 그 일을 그만두지 않으면 살아서는 연락도 하지 않을 것이오 죽어서도 눈을 감지 못할 것이니, 네 마음대로 하거라. 다시 말도 하기 싫다.

이즈음 다산은 큰아들 학연이 의원 노릇을 한다는 소식을 들었다면서, 이유나 근거를 들어가며 야단치기 시작한다. 의술로 아비의 석방을 도모하고자 하나 결단코 불가능한 일이요, 오히려 양반이 의원 노릇을 한다고 비웃음만 살 것이라고 말한다. 의술에 밝은 양반들은 위급한 환자가 있으면 마지못해 찾아가 치료해주지 천박하게 드러내놓고 의원노릇을 하지 않는데, 학연은 요즘 드러내놓고 환자를 치료하고 있다면서 당장 그만두지 않으면 인연을 끊겠다고 엄포를 놓는다. 실학자란 실생활에 도움을 주는 학문을 하는 사람이다. 하지만 다산은 여전히 신분의식에 얽매인 채 자식이 좋아서 하는 의술을 금지하고 있다.

당시 학연은 비로소 자신이 좋아하는 일을 찾은 듯하다. 그래서 "크게 소리를 내고 문을 활짝 열어놓고서 모든 종류의 사람들을 방에 가득 모이게 하여" 자신의 재능인 의술로 도움을 주었던 것이다. 이렇게 환자를 가리지 않고 평등하게 병을 치료해주는 것을 보면, 그는 신분 따위에 얽매이지 않는 개방적인 인물이었던 듯하다. 어쩌면 그는 아버지와 다른 길을 걷고 싶었는지도 모른다. 아버지처럼 학문적으로만 실학을 하는 것이 아니라 당장 자신의 의술을 필요로 하는 사람들에게 직접적인 도움을 주고 싶었을 것이다. 그러한 학연의 뜻이 아버지 다산에게는 "죽어서도 눈을 감지 못할" 만큼 잘못된 것이었을까?

"수익이 좋은 뽕나무를 심어라"

더 이상 벼슬길에 나아갈 수 없는 폐족의 처지인지라 다산은 자식들에게 집안의 살림살이에도 신경 쓰도록 했다. 그러면서 과일이나 약초, 채소 등 농사짓는 법에 대해 알려주기도 했다. 이는 굳이 실학정신을 언급하지 않더라도 퇴계 이황처럼 조선시대 남성들은 기본적으로 양식이나 반찬거리, 땔감 마련 등 바깥살림을 주관하곤 했다. 단지 다산은 폐족의 입장에서 좀 더 절실하게 언급하고 있을 뿐이다.

시골에 살면서 과수원이나 남새밭을 가꾸지 않는다면 세상에서 버림받는 사람이 될 것이다. 나는 지난번 국상이 난 바쁜 때에도 소나무 열 그루와 전나무 한두 그루를 심어둔 적이 있다. 내가 만약 지금 집에 있었다면 뽕나무는 수백 그루, 접붙인 배가 몇 그루, 옮겨 심은 능금나무가 몇 그루였을 것이고, 닥나무는 지금쯤 이미 밭을 이루었을 것이다. 옻나무도 다른 밭 언덕으로 뻗어나 갔을 것이고, 석류도 여러 그루, 포도도 군데군데 줄을 타고 덩굴이 뻗어 있을 것이다. 파초도 너덧 개는 족히 가꾸었을 게다. 불모지에는 버드나무도 대여섯 그루 심었을 것이고, 뒷산의 소나무도 이미 여러 자쯤 자랐을 거다.

너희는 이런 일을 하나라도 했는지 모르겠구나. 너희들이 국화를 심었다고 들었는데 국화 한 이랑은 가난한 선비의 몇 달 동안의 식량이 될 수도 있는 것이니, 한낱 꽃구경에만 그치는 것이 아니다. 생지황, 끼무릇(반하의 방언), 도라지, 천궁과 같은 것이라든지 쪽나무, 꼭두서니 등에도 마음을 기울여 잘 가꾸어보도록 하거라.

남새밭 가꾸는 일은 땅을 반반하게 고르는 일과 이랑을 바르게 하는 일이 중요하고, 흙을 가늘게 부수고 깊게 갈아 분가루처럼 부드러워야 한다. 씨는 항상 고르게 뿌려야 하며, 모종은 아주 성기게 해야 한다. 아욱 한 이랑, 배추 한 이랑, 무 한 이랑씩 심어두고 가지나 고추 등속도 마땅히 따로따로 구별하여 심어놓고, 마늘이나 파를 심는 일에도 힘쓸 것이며, 미나리도 심을 만한 채소다. 또한 한여름 농사로는 참외만 한 것도 없느니라. 늘 절약하고 본농사에 힘쓰면서, 부업으로 아름다운 결실을 얻을 수 있는 것이 이 남새밭 가꾸는 일이다.

이렇게 다산은 자식들에게 과수원이나 남새밭을 가꾸어 가정경제에 도움을 주도록 하고 있다. 각종 과일나무나 소나무, 전나무, 뽕나무, 닥나무, 옻나무 등 나무 심는 법, 국화를 비롯한 생지황, 끼무릇, 천궁 같은 약초 재배법, 아욱이나 배추, 무, 고추, 마늘, 파, 미나리 등 온갖 채소를 심은 남새밭 가꾸는 법을 알려주고 있는 것이다. 조선 후기 근기지방의 선비들은 방 안에 앉아 책만 보는 것이 아니라 먹고살기 위해 들에 나가 농사도 지어야 했음을 알 수 있다.

그중에서도 다산은 특히 뽕나무의 효과에 주목하여 큰아들 학연에게 뽕나무를 가꾸도록 권장했다.

생계를 가꾸는 방법은 밤낮으로 모색해보아도 뽕나무를 심는 일보다 더 좋은 계책이 없을 것 같다. 제갈공명의 지혜보다 더 나은 게 없음을 비로소 알겠구나. 과일 장사하는 일은 본래 깨끗한 이름을 남길 수 있지만, 뽕나무를 심어서 누에치는 일은 선비로서의 명성도 잃지 않으면서 큰 이익도 얻을 수 있으니, 세상에 이러한 일이 또 어디 있겠느냐? 이곳 남쪽 지방에 뽕나무 365그루를 심은 사람이 있는데, 1년에 동전으로 365꿰미를 벌었다. 1년은 365일이므로 매일 동전 한 꿰미를 사용하여 양식으로 삼아도 죽을 때까지 다 쓰지 못할 것이며, 마침내는 훌륭한 이름을 남기고 죽을 수 있다. 이 일은 본받을 만한 일이고, 공부는 그다음 일이다. 또 잠실 세 칸을 만들어놓고 잠상을 일곱 층으로 해놓으면, 한꺼번에 스물한 칸의 누에를 칠 수 있어서 부녀자들을 놀고 먹지 않게 할 수 있으니 아주 좋은 방법이다. 금년에는 오디가 잘 익었으니 너도 그 점을 명심하거라.

다산은 생계를 꾸리는 방법으로 뽕나무를 심는 것보다 더 좋은 방법이 없다고 생각했다. 뽕나무를 심어 누에를 치는 일은 "선비로서의 명성도 잃지 않으면서 큰 이득도 얻을 수 있기" 때문이다. 그러고는 남쪽 지방의 사례를 들려주면서 "이 일은 본받을 만한 일이고, 공부는 그다음이다"라며 적극적으로 권장한다. 덧붙여 그는 누에치기와 오디의 수익도 만만치 않다면서 다시 한 번 아들의 마음을 부추긴다.

근면과 검소, 평생 쓰고도 남는
최고의 유산

끝으로 다산은 자식교육을 위해 특별히 『하피첩』을 제작하여 보내주기도 했다. 1806년 겨울, 홍씨 부인이 유배지에 있는 남편에게 편지와 함께 낡은 치마를 보냈다. 시집올 때 입었던 붉은색 치마였으나 오랜 세월에 색이 바래 있었다. 다산은 그 치마를 자르고 마름질하여 두 아들에게 경계하는 글을 썼다. 그러고는 네 개의 서첩으로 만들어 고향 집에 보냈다. 이것이 바로 『하피첩』이다. 하피첩(霞帔帖)이란 '붉은 치마로 만든 서첩'이라는 뜻이다. 『하피첩』 맨 뒤에는 시집가는 딸을 위해 하얀 매화꽃 가지 위에 두 마리 새가 다정히 앉아 있는 〈매화병제도〉를 그려주었다. 딸 부부의 화목을 염원하는 그림이었다. 다산은 하피첩의 제작 경위에 대해 제1첩의 서두엔 산문으로, 제2·3첩의 서두엔 시로 밝혀두었는데, 그중 시를 함께 살펴보자.

> 병든 처가 낡은 치마를 보내
> 천리 밖에 그리워하는 마음을 부쳤는데
> 오랜 세월에 홍색이 이미 바랜 것 보니
> 서글피 노쇠했다는 생각이 드네.
> 잘라서 낡은 서첩을 만들어
> 그나마 아이들을 타이르는 글귀를 쓰니
> 어머니 아버지를 생각하여
> 평생 가슴속에 새기기를 기대하노라.

『하피첩』은 원래 4첩으로 만들어졌으나 현재는 3첩만 전해지고, 총 64매로 이루어져 있다. 주요 내용은 폐족의 자손으로서 학문하는 이유와 방법, 생계를 꾸려가는 방식, 친척 및 주변 사람들과 관계를 맺는 방법 등에 대해 일러주고 있다. 앞의 편지와 겹치는 내용이 있긴 하지만 다산의 자녀교육관이 잘 나타나 있으므로, 각 첩의 대표적인 부분을 중심으로 간략히 살펴보자.

1첩에선 집안의 화목과 결속을 당부하고 있다. 그중 집안의 화목에 대해서 살펴보자.

> 효제(孝悌)는 인을 실행하는 근본이다. 그러나 부모를 사랑하고 형제간에 우애하는 사람이 세상에 많아서 효제가 돈독한 행실이 되기에는 부족하다. 오직 백부와 숙부는 형제의 자식을 자기 자식처럼 여기고, 형제의 자식이 백부와 숙부를 친아버지처럼 여기며, 사촌 형제를 친형제처럼 서로 사랑하여, 혹 어떤 사람이 와서 열흘이 지나도 누가 누구의 아버지이고 누가 누구의 자식인지를 끝내 알지 못하게 할 정도가 돼야 겨우 번창하는 가문의 기상이라 할 수 있다.

무엇보다 효제를 중시하라는 것인데, 다산은 부모형제뿐 아니라 백부와 숙부 등 일가친척과도 돈독하게 지내라고 당부하고 있다. 그래야만 가문이 번창할 수 있기 때문이다. 그는 여전히 자식교육의 목표를 가문 회복에 두는 가문주의 교육법을 고수하고 있다.

2첩에선 몸과 마음을 바르게 하고 근검하게 살도록 당부하고 있다. 여기에서는 '근면과 검소'에 대해서만 살펴보자.

> 나는 벼슬이 없으니 너희에게 농장을 물려주지 못한다. 오직 두 글자의 신령한 부적이 삶을 넉넉히 하고 가난을 구제할 수 있기에 지금 너희에게 남기니 너희들은 박하다고 여기지 말아라. 하나는 근면이요, 다른 하나는 검소다. 이 두 가지는 좋은 전답보다

도 나아서 한평생 쓰고도 남는다.

근면이 무엇이냐? 오늘 할 일을 내일로 미루지 말고 아침에 할 일을 오후로 미루지 말며, 맑은 날의 일을 비가 올 때까지 지체하지 말고 비 오는 날의 일을 갤 때까지 끌지 말며, 늙은이는 앉아서 감독하는 일이 있고 아픈 사람은 지킬 일을 맡으며, 부인은 사경(밤 1~3시)이 되기 전에는 잠을 자지 않는다. 요컨대 집안의 남녀노소 중에 놀고먹는 식구가 한 명도 없고 한순간도 무료한 시간이 없는 것, 이것을 근면이라 한다.

검소가 무엇이냐? 의복은 몸을 가리면 된다. 고운 베로 만든 옷은 해지고 나면 만고에 처량한 티가 나지만, 거친 베로 만든 옷은 해져도 별 상관이 없다. 옷 한 벌을 만들 때마다 모름지기 이후에도 고운 옷을 계속 지어 입을 수 있는지 없는지를 생각해야 한다. 만약 고운 옷을 계속 입을 수 없다면, 고운 옷을 해진 채로 입어야 할 것이다. 생각이 여기에 이르면 고운 옷을 버리고 거친 옷을 취하지 않을 사람이 없을 것이다. 음식은 생명을 연장하면 된다. 무릇 산해진미라도 입안에 들어가면 바로 더러운 것이 되어버리므로 목구멍으로 넘어가기도 전에 남들이 침을 뱉는다.

벼슬살이를 하지 못해 농장을 물려주진 못하고 근면과 검소 두 가지만 물려주는데, 이는 전답보다도 낫다는 것이다. 그러면서 근면이란 집안사람 누구나 놀고먹지 않는 것이요, 검소란 의복은 몸을 가리면 되고 음식은 생명을 연장하면 되는 것이라고 한다. 특히 부인들의 경우 새벽 3시가 되기 전에는 잠을 자게 해서는 안 된다는 말이 눈에 띈다.

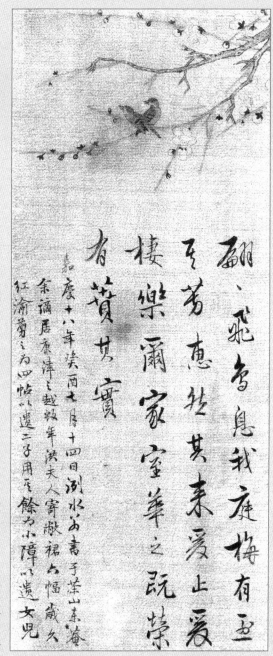

정약용의 『하피첩』 중
〈매화병제도〉,
국립민속박물관 소장

3첩에선 자신의 학문을 계승해줄 것을 바라고 있는데, 대표적으로 '아버지의 글을 알아주는 사람'에 대해서만 살펴보자.

> 군자가 글을 써서 세상에 전하는 뜻은 한 사람이라도 그것을 알아주기를 바라는 것일 뿐 온 세상 사람이 힐난해도 피하지 않는다. 만약 내 글을 알아주는 사람이 있어서, 그가 연장자거든 너희는 아버지로 모시고 그가 또래거든 너희는 의형제를 맺어도 좋다.

만약 아버지의 글을 알아주는 사람이 있으면 부모나 의형제를 삼아도 좋다고 말한다. 앞의 편지에서처럼 다산의 자식교육 목표 중 하나는 자신의 학문과 저술이 헛되지 않도록 하는 것이었다.

마지막으로 다산은 딸을 위해 〈매화병제도〉를 그리고 다음과 같은 시를 적어주었다.

> 훨훨 새 한 마리 날아와
> 우리 뜰 매화나무에서 쉬네.
> 그윽한 그 매화향기에 이끌려
> 반갑게 찾아왔네.
> 이곳에 머물고 둥지 틀어
> 네 집안을 즐겁게 해주어라.
> 꽃이 이미 활짝 피었으니
> 토실한 열매가 맺겠네.

훗날 출가하여 아들 딸 많이 낳아 그 집안을 번성시키라는 것이다. 다산 역시 보수적인 성리학자의 여성관에서 크게 벗어나지 못했던 것이다.

다산초당에 남겨진 두 여자

1818년(순조 18) 다산은 18년간의 유배생활을 마치고 고향인 경기도 마현으로 돌아갔다. 어느덧 그의 나이 57세였다. 유배에서 풀려난 뒤에도 연구와 저술에 몰두하여 『아언각비』(어원 연구서), 『흠흠신서』(형법서) 등의 저서를 남겼다. 그러고는 1836년 봄에 78세의 나이로 세상을 떠났다.

다산의 큰아들 학연은 의술에 밝고 시문에도 능하여 추사 김정희의 벗이 되었고, 작은아들 학유는 아버지의 실학정신을 이어받아 「농가월령가」를 짓기도 했다.

다산은 유배지에서 첩을 얻어 딸 홍임이를 낳았는데, 해배되어 돌아갈 때에는 그들을 두고 혼자 떠나갔다. 첩은 다산초당에 남아 해마다 찻잎이 새로 돋아나면 따서 경기도 마현으로 보내곤 했다. 홍임이는 아버지를 닮아 총명했으며, 자주 울먹이며 "아빠 언제 와요?"라며 다산을 찾았다고 한다. 어느 날 첩은 딸을 데리고 마현까지 찾아갔으나 끝내 쫓겨나는 신세가 되고 말았다. 아마 홍씨 부인이 엄연히 있는 상태에서 첩과 그 딸을 받아들이기는 어려웠을 것이다. 다산은 양근(양평)의 박생이란 남자를 딸려 보내며 그들 모녀를 강진으로 내려가도록 했는데, 호

남의 장성에 이르렀을 때 박생이 그녀를 강제로 범하려 했다. 이때 그녀는 "내 비록 천한 몸이지만 조관(朝官)을 지낸 분의 첩실이다. 어찌 감히 이럴 수 있느냐?"라고 준열히 꾸짖고 강진으로 내려갔다. 이후 그녀는 다산초당에서 홀로 아이를 기르며 살았다고 한다.

다산은 초당의 주인인 윤씨에게 편지를 보내 홍임이 모녀를 잘 보살펴달라고 부탁하고는 내내 모른 척했다. 해배 후 20여 년이 넘는 긴 세월 동안 그는 단 한 번만이라도 홍임이 모녀를 찾아가볼 순 없었을까? 그의 몰인정에 홍임이 모녀는 한이 맺히지 않았을까?

09

딸바보, 선조

　선조(1552~1608)는 조선 제14대 국왕으로, 1567년 열여섯 살 때 왕위에 올라 41년간 재위했다. 의인왕후와 계비 인목왕후 등 두 명의 왕비를 비롯해서 공빈김씨와 인빈김씨, 순빈김씨 등 여섯 명의 후궁을 두었고, 영창대군과 광해군, 경평군, 정숙옹주, 정화옹주 등 14남 11녀를 두었다. 공주로는 유일하게 인목왕후가 낳은 정명공주가 있었는데, 1603년에 태어나 83세까지 살았다.

　선조는 재위기간 동안 내우외환에 시달렸다. 안으로는 동인과 서인의 당파 싸움이 끊이지 않았고, 밖으로는 1592년에 임진왜란이 일어나 수많은 백성들이 죽고 국토가 황폐화되기에 이르렀다. 그래서 흔히 사람들은 선조를 유약한 군주, 무능한 왕이라 일컫는다. 하지만 그것은 선조가 무능해서 일본의 침략을 당할 수밖에 없었다는 또 하나의 식민사관이기도 하다. 비록 선조 때 전쟁이 일어나기는 했지만, 결국은 그것을 극복하고 많은 역사적 업적을 남긴 왕이기도 하다.

우선 선조는 본격적인 성리학적 정치를 실현했다. 그는 열여섯 살에 즉위한 후 날마다 경연에 나가 신하들과 학문을 토론했다. 유희춘의 『미암일기』를 보면 선조가 조강, 석강 등의 경연에 모두 참석하며 얼마나 학문에 열심이었는지 알 수 있다. 선조는 이황, 기대승, 유희춘, 이이 등 사림 세력을 적극적으로 등용하여 성리학적 정치를 실현하고자 했다. 뿐만 아니라 재야에서 성리학을 충실히 공부한 학자들, 즉 산림학자를 등용하는 전례를 만들기도 했다(산림은 사림 중에서도 벼슬을 마다하고 공부하던 이들을 지칭한다. 조선 후기 정부는 성혼, 정인홍처럼 일부 산림을 설득하여 관직에 등용했다. 대표적 인물로 송시열을 들 수 있다).

또한 임진왜란 발발 전인 1591년부터 이순신, 권율 등 인재를 파격적으로 발탁하며 나름 철저히 대비했고, 전쟁 중에는 명나라에 군사를 요청하거나 의병을 격려하는 교서를 내리기도 하는 등 왜군에 맞서기 위해 적극적으로 노력했다. 물론 임진왜란으로 인해 많은 피해를 입기는 했지만 결국 승리한 전쟁이었다. 7년의 전쟁 동안 왜군이 우세했던 기간은 초반부 약 10개월에 불과했다. 이후 각지에서 의병들이 일어나 왜군과 맞섰으며, 선조도 명나라에 구원병을 요청하여 나라를 구할 방도를 마련했다. 1597년 왜군이 다시 정유재란을 일으켜 반격을 시도했지만 그마저도 실패로 돌아갔다.

나아가 선조는 자신의 뛰어난 문예취미로 '목릉성세(穆陵盛世)'를 이끌어냈다. 실제로 선조는 어느 국왕보다 예술적 소질이 뛰어났다. 초서에 일가견이 있었고, 난초와 대나무도 아주 잘 그렸다.

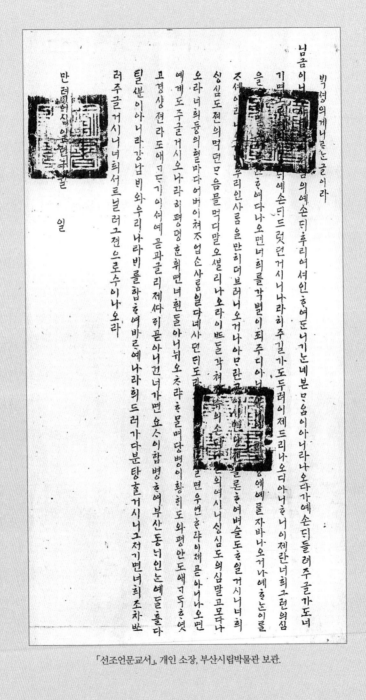

「선조언문교서」, 개인 소장, 부산시립박물관 보관.

한글 편지를
가장 많이 남긴 왕

선조는 한글을 잘 썼고, 평소 자주 사용했다. 조선시대 임금의 교서는 대부분 한문으로 작성되었으나 선조는 임진왜란 도중 양반뿐만 아니라 평민들까지 볼 수 있도록 교서 전체를 한글로 써서 반포하기도 했다. 왜적을 잡아오거나 적의 정보를 캐오면 상을 주겠다는 내용의 교서였다.

선조는 또한 한글 편지를 가장 많이 남긴 왕으로 유명하다. 현재까지 남아 있는 편지만 해도 22통이나 된다. 이러한 선조의 전통을 이어받아 이후 효종, 현종, 숙종, 정조 등도 한글 편지를 남기곤 했다. 선조의 한글 편지에는 무엇보다 왕이 아닌 아버지로서의 모습과 소통법이 잘 나타나 있다. 특히 '딸바보'라 해도 과언이 아닐 정도로 자상한 아버지였다.

선조의 한글 편지는 크게 임진왜란 중 옹주와 후궁들에게 보낸 편지와, 임진왜란 후 정숙옹주에게 보낸 편지로 구별된다. 이 편지들을 토대로 선조의 '딸바보'로서의 모습과 소통법에 대해 자세히 알아보자.

먼저 선조는 전쟁 도중 서로 떨어져 있는 옹주들에게 한글 편지를 보내 안부를 묻곤 했다.

모든 옹주들에게
새해에 너희들 만복(萬福)하니 기뻐하노라.
1594년 12월 20일

모든 옹주들에게

어찌 있느냐. 나는 무사히 있노라.

1594년 전후 3월 5일 경성에서

첫 번째 편지에서는 전쟁 중이지만 모든 옹주들에게 새해 복 많이 받길 기원하고 있다. 두 번째 편지에서도 모든 옹주들의 안부를 물으면서 혹시라도 걱정할까 싶어 자신은 무사하다고 얘기하고 있다. 비록 짧은 편지들이지만 딸들에 대한 걱정과 사랑이 잘 나타나 있다.

1597년 정유재란 때에도 선조는 후궁에게 편지와 함께 물건을 보내거나, 옹주들에게 안부를 묻기도 했다.

숙의(후궁)에게

글월 보고 잘 있으니 기뻐하노라. 나도 무사히 있노라. 천장(遷葬)은 나라가 이리 어지러우니 이제 어느 겨를에 하며, 군인 하나인들 어디 가 얻으리. 왜적도 가을에 전라도를 치려 한다는 기별도 있으니 더욱 걱정하여 하노라. 보내는 것 챙겨라.

(……)

표피(豹皮) 하나 보내노라.

모양조차 보내노라.

세 옹주에게

그리 간 후에 안부 몰라 하노라. 어찌들 있느냐. 서울에 별다른 기별 없고, 도적(왜적)들 물러가니 기뻐하노라. 나도 무사히 있노

라. 다시금 잘 있거라.

1597년 9월 20일

우선 선조는 정유재란 와중에 후궁으로부터 잘 지낸다는 편지를 받고 기뻐하며 자신도 잘 지내고 있다고 말해준다. 하지만 나라가 어지러워 천장, 즉 조상의 묘를 옮기지도 못하고 군사들도 남아 있는 이가 없으며, 게다가 왜적이 가을에 곡창지대인 전라도를 치려 한다는 소식에 더욱 걱정된다고 말한다. 그러면서 표범 가죽을 원래 모양대로 보내니 잘 챙기라고 한다. 또한 선조는 피란 간 세 옹주에게도 편지를 보내 안부를 묻고, 당시 서울의 상황과 왜적이 물러간 소식을 전하고 있다.

이와 같이 선조는 전쟁 속에서도 끊임없이 후궁과 옹주들에게 한글 편지를 보내 안부를 묻거나 필요한 물건과 소식을 전해주었다.

딸들과 자주 편지를 주고받은 섬세한 아버지

선조의 한글 편지 가운데 가장 많이 남아 있는 것이 임진왜란 후 정숙옹주에게 보낸 편지다. 여기에 '딸바보' 선조의 모습이 가장 잘 나타나 있다.

정숙옹주(1587~1627)는 선조와 후궁 인빈김씨 사이에 태어난 4남 5녀 중 셋째 옹주로서, 임진왜란 직후인 1599년에 신흠의 아들 동양위 신익성에게 출가했다. 그녀는 어릴 때 선조로부터 친히 『소학』을 배울 정도로 사랑을 듬뿍 받았고, 출가 후에도 궁궐 가까이에 살면서 선조와 자주 편지를 주고받았다.

특히 1603년 11월 중순 동생 정안옹주가 두창에 걸리자 더욱 자주 선조와 편지를 주고받으며 그 소식을 듣고자 했다. 정안옹주는 이해 7월에 금양위 박미와 혼례를 올렸으나 아직 신행을 가지 않고 궁궐에 머물러 있다가 두창에 걸린 듯하다. 이에 선조는 매일같이 정안옹주를 찾아가 보고 딸의 두창 증세를 편지로 써서 정숙옹주에게 보내곤 했다.

두창은 바이러스에 의한 급성질환으로, 발열과 수포, 농포 증세를 보인다. 붉고 작은 반점 모양의 피부발진이 구강, 인두, 얼굴, 팔에서부터 몸통과 다리로 퍼져나가며, 1~2일 이내에 수포(물집)가 생겼다가 농포(고름)로 바뀌었다. 농포는 8~9일경에 딱지가 지고 서서히 회복되지만 딱지가 떨어진 자리에 이른바 '곰보'라 하는 흉터가 남았다.

1603년 11월 18일, 선조는 정안옹주의 처소를 찾아가 두창 증세를 살펴보고 정숙옹주에게 답장을 써서 보낸다.

정숙옹주에게

글월 보고 잘 있으니 기뻐하노라. 정안옹주는 천만 의외에 저리 두창을 시작했으니 가엾기 그지없다. 아직 반점이 많지는 않다. 내일 보아야 알겠도다. 다른 특별한 증세는 없다. 문금(門禁)으로 내외가 통치 못하니 네 동생들 집에서 무슨 이를 말이 있거든 다 너로 인해 바로 편지하여 들여보내게 하라. 집이 가까우니 그렇게 하라. 어려워 말라 하라. 이 글월은 도로 들여보내라.

1603년 11월 18일 밤, 첫 번째 북이 울릴 때

정안옹주가 두창을 앓고 있는데 아직 붉은 반점이 많이 나타나지 않은 상태라고 전한다. 또 선조는 다른 출가한 옹주들도 할 말이 있거든 어려워하지 말고 언제든 편지를 써서 정숙옹주를 통해 들여보내라고 말하고 있다. 평소 선조가 옹주들과 소통하려고 노력했음을 잘 보여준다. 뿐만 아니라 선조는 밤 10시 인정을 알리는 첫 번째 북이 울릴 때 편지를 썼다고 적을 정도로 아주 꼼꼼하고 섬세한 성격이었음을 알 수 있다.

다음 날에도 선조는 정안옹주를 찾아가 병세를 살피고 정숙옹주에게 답장을 보내준다.

정숙옹주에게

글월 보고 수포가 돈은 것은 그 방이 어둡고(너 역질 하던 방) 날도 어두우니 햇빛이 비치거든 내 친히 가서 보고 자세히 기별하마. 대저 약을 쓸 일이 있거든 의관과 의녀들에게 대령하도록 할까 하노라. 걱정 말라. 자연히 아니 잘하랴.

1603년 11월 19일 사시(巳時: 밤 9~11시)

수포가 돈긴 했지만 그 방이 어두워 자세한 상태를 보지 못했다는 것이다. 하지만 증세가 심해지면 의관과 의녀를 대령시켜 치료하게 할 테니 너무 걱정하지 말라고 안심시키고 있다. 특히 선조는 "네가 역질을 앓던 방"이라며 정숙옹주가 어릴 적 두창을 앓던 방까지 기억할 정도로 아주 섬세하고 자상한 아버지였다.

이튿날에도 선조는 정안옹주를 직접 찾아가 보고 그 증세를 자세히 알려준다.

> 정숙옹주에게
> 글월 보고 오늘 또 가보니 농포가 돋은 수는 한가지이나, 농포의 색이 붉기가 연지와 같아 퍽 진척이 있고, 기운 또한 열이 없어지고 평안하더라. 아침에 흰죽 한 종지를 먹고 느지막이 밥 몇 숟가락 먹고, 대변은 불통하고(대변의 빈도수가 고르지 않음), 증세는 심히 순하니 걱정 말라. 다들 이리 기별하라.
> 1603년 11월 20일 미시(未時: 낮 1~3시)

정안옹주의 두창 증세가 차츰 나아져서 이젠 음식도 먹고, 대변은 아직 불통하지만 심하진 않다는 것이다. 여기에서도 선조는 딸의 식사는 물론 대변 상태까지 확인하여 자세히 알려주고 있다.

이후로도 선조는 거의 매일같이 정안옹주를 찾아가 두창 증세를 살피고 정숙옹주에게 알려준다.

> 정숙옹주에게
> 글월 보고 잘 있으니 기뻐하노라. 정안옹주의 증세는 순하고 밥도 먹는다.
> 1603년 11월 21일 미시(未時: 낮 1~3시)

> 정숙옹주에게

글월 보고 궐내는 무사하고 방에서도 잘 있다. 정안옹주 증세는 가장 순하고 거의 다 농포가 졌다.

편지 두 장 보내노라. 박 참판의 딸은 애석하고 애석하도다. 약은 도로 보내니 아무나 구하거라. 어제 편지도 보거라.

1603년 11월 23일 사시(巳時: 밤 9~11시)

정숙옹주에게

오늘도 친히 가서 보니 농포가 거의 다하여 딱지가 지고 다른 증세는 없으니 내일 모레 사이면 거의 회복할 가망이 있더라. 또 사서(四書) 한 질, 서언고사(書言故事) 한 질, 포공안(包公案) 한 질 보내니 부마를 주라. 포공안은 괴상하고 망측한 책이니 다만 한가할 때 한 번 웃음거리로 삼을 뿐이로다.

1603년 11월 25일 오시(午時: 낮 11~1시)

이 허준의 서계(書啓) 보게 보내노라.

정안옹주의 두창 증세는 나날이 좋아져서 농포가 지고 딱지가 졌으며, 밥도 잘 먹었다고 한다. 선조는 또한 정숙옹주에게 박 참판의 딸을 위한 약을 지어 보내주거나 부마, 즉 사위를 위해 여러 가지 책을 보내주기도 했다. 다만 그 가운데 중국의 공안소설인 「포공안」은 괴상망측한 책이니 한가할 때 재미 삼아 읽으라고 주의를 주고 있다. 또 『동의보감』의 저자 허준의 처방전도 함께 보낸다고 한 것으로 보아 선조는 정안옹주의 두창 치료법을 당대의 명의 허준에게도 물었음을 알 수 있다.

이 밖에도 선조는 정숙옹주의 부탁으로 부마들의 글씨를 평가해주거나 외손녀의 관상을 봐주기도 했다.

> 동양위(정숙옹주의 남편) 글씨는 나이든 상민 계집의 남편들이 여럿
> 있는 것 같고, 금양위(정안옹주의 남편) 글씨는 청춘과부가 사흘 굶
> 고 병든 것 같다. 이것을 보면 글씨 품격을 알리라.

> 이 관상이 매우 좋으니 부인이 되리로다. 살빛이 검으면 장수한
> 다 하였느니라. 나중에 자라거든 다시 보자.

본래 글씨는 그 사람의 성품이나 건강, 운명을 말해주기도 한다. 또
당시엔 피부색이 검으면 오래 산다는 속설이 있었던 듯하다. 선조는 부
마들의 글씨와 손녀의 관상에 대해 재치 있게 답변해주고 있다.

이처럼 선조는 오늘날 휴대전화 문자와 같이 짤막한 한글 편지로 옹
주들과 소통했다. 옹주들이 궁궐 근처에 거주하고, 잦은 편지 왕래로 서
로의 사정을 잘 알고 있기 때문이었다. 그럼에도 꼭 필요한 말을 빠짐
없이 꼼꼼하게 들려주고, 심지어 편지를 쓴 시각까지도 자세히 알려주
었다. 나아가 선조는 전쟁으로 나라가 어지러운 시기임에도 계속 편지
를 보내 딸들의 안부를 묻고, 전쟁 후에는 정안옹주의 두창 증세를 거
의 매일같이 살펴보고 다른 딸들에게 전해주는 등 매우 자상한 아버지
였다. 한 마디로 선조는 '딸바보'였던 것이다.

10 외롭고 쓸쓸한 왕비,

인선왕후

　인선왕후(1618~1674)는 계곡 장유의 딸로, 1630년(인조 8) 봉림대군의 부인으로 간택되었다. 이후 1636년 병자호란을 겪으며 소현세자와 봉림대군이 심양에 인질로 끌려갈 때 함께 따라가 8년 동안 머물면서 많은 고초를 겪었다. 마침내 1649년 봉림대군이 왕위에 올라 효종이 되자 그녀 역시 왕후가 되었다. 하지만 효종은 재위 10년 만인 1659년에 세상을 떠나고 말았다. 머리에 종기가 나서 침을 맞다 과다출혈로 인해 사망했다. 자녀는 1남 5녀로, 현종을 비롯하여 숙안공주, 숙명공주, 숙휘공주, 숙정공주, 숙경공주 등을 두었다.

　인선왕후는 70여 통의 한글 편지를 남겼다. 『숙명신한첩』에 53통, 『숙휘신한첩』에 16통, 『효종대왕재심양신한첩』에 1통이 전하고 있다. 현재 남아 있는 편지는 주로 출가해서 궁궐 밖으로 나가 공주들, 특히 청평위 심익현과 결혼한 둘째 딸 숙명공주와 인평위 정제현에게 출가

한 셋째 딸 숙휘공주에게 보낸 것들이다. 숙명공주에게 보낸 편지는 53 통으로 분량도 많고 내용도 다양하다. 숙휘공주에게 보낸 편지는 16통에 불과하지만 내용은 훨씬 애틋하다.

인선왕후의 편지는 거의 대부분 "글월 보고 무사히 있으니 직접 보는 듯 든든하고 반갑도다"라는 말로 시작한다. 편지를 보니 너희를 직접 보는 듯 든든하고 반갑다는 것이다. 그러고 나서 사연을 써나가는데, 분량이 길고 장문체이며, 무엇보다 감정 표현이 풍부한 것이 특징이다. 내용은 요즘 모녀 간의 전화 통화처럼 안부를 묻고 자신의 심경을 토로하거나, 딸 가족의 건강 걱정, 손자들에 대한 이야기 등이다. 특히 인선왕후의 편지는 딸들이 모두 출가한 후 궁궐에서 홀로 노년을 보내던 시기에 많이 쓰였다. 그래서인지 노년의 적적한 심회가 잘 나타나 있다.

적막한 궁궐생활

인선왕후의 편지에는 왕비의 적막한 궁궐생활과 출가한 딸들을 그리워하며 기다리는 모습이 잘 나타나 있다. 우선 둘째 딸 숙명공주에게 보낸 편지부터 살펴보자.

글월 보고 무사히들 있으니 기뻐하며 직접 보는 듯 반가워하노라. 사연도 보고 못내 웃으며 아무리 그만하여 두면 쓰랴 한들 임자 없는 일에 뉘라서 애써 할 이가 있으리. 옷감을 지금 못 얻었으니 그 옷이 되어나기 어려울까 싶으니 너무 조르지나 마라. 숙경이(막내딸)는 내일 나가게 하였으니 그것조차 마저 나가면 더욱 적막할까 싶으니 가지가지 마음을 진정치 못할까 싶다. 언제 너희나 들어올까 눈이 빠지게 기다리고 있노라.

글월 보고 저문 날 무사히 나간 안부 알고 기뻐하며, 다시 보는 듯 든든하고 못내 반기노라. 망극 서러운 중이나 그리 모여 있으니 든든히 지내더니 모두 나가니 가지가지 섭섭하고 답답하고 서럽기를 어이 가늠하리. 작년 이때에 모여서 즐거이 지내던 일이 어느덧 옛일이 되어 일마다 아니 서러운 일이 없으니 한갓 답답한 눈물뿐이로다. 아마도 목숨이 질겨 이리 살았는가. 살뜰히 서러워하며 올해나 어서 죽기를 원하노라.

첫 번째 편지에서는 막내딸 숙경공주마저 내일 궁궐을 나가면 적막한 마음이 더욱 심할 듯하니, 숙명공주라도 들어오길 간절히 바라는 마음을 전하고 있다. 두 번째 편지에서도 딸들이 모두 궁궐에 들어왔다 나가자 더욱 섭섭하고 답답하고 서러운 마음뿐이니, 이럴 바엔 차라리 어서 빨리 죽기를 바란다고 하소연하고 있다. 인선왕후의 궁궐생활이 얼마나 적막한지 잘 보여주고 있다.

특히 인선왕후는 셋째 딸 숙휘공주를 더욱 아끼고 사랑했던 듯하다. 그녀가 궁궐에 들어왔다 나가면 어김없이 섭섭해하고 애달파하는 편지를 보낸다.

글월 보고 무사히 간 안부 알고 기뻐하며 직접 보는 듯 든든하고 반갑노라. 너를 큰사람으로만 여겨 한시만 없어도 섭섭하여 부르짖다가, 어제는 마지못할 것이라 여겨 내여 보내나 정에 하도 섭섭하고 마음이 슬프니 무엇을 잃은 듯 밤새껏 일컬었으며, 서쪽 곳곳이 다 빈 듯 호젓하고 섭섭함을 어이 다 적으리. 너야 옥동자 같은 부마를 곁에 앉히고 할머님이야 어머님이야 앞에 벌여 앉았으니 우리들이야 꿈에나 생각하랴.

글월 보고 무사히 있으니 기뻐하며 직접 보는 듯 든든하고 반가워 다시금 보노라. 이번엔 두어 날은 더 묵은 듯한데 나갈 때 섭섭하고 덧없기는 매한가지니 차라리 아니 있음만 못하여 하노라. 후세에나 서로 떠나는 일이 없이 살고자 하노라.

두 편지 모두 인선왕후가 숙휘공주를 내보낸 뒤 마음이 몹시 섭섭하고 슬퍼서 밤새껏 공허하게 지냈다는 내용이다. 심지어 "우리들을 꿈에라도 생각하겠느냐"라고 하면서 떠나간 숙휘공주를 노골적으로 시샘하거나, "죽어서는 헤어지지 말고 살자"라는 극단적 언사도 마다하지 않는다. 그만큼 숙휘공주에 대한 애정과 집착이 컸음을 알 수 있다.

부부는 닮는다고 하던가. 과거에 효종도 시집간 딸들을 자주 궁궐로 불러들였고, 만약 들어오지 않으면 이렇게 노골적인 편지를 보내기도 했다.

죄 지은 것이야 무슨 다른 죄를 지었으리. 이번에 궁궐에 아니 들어온 죄인가 싶다. 이 죄는 전부 네 남편 심익현의 죄니 그를 보

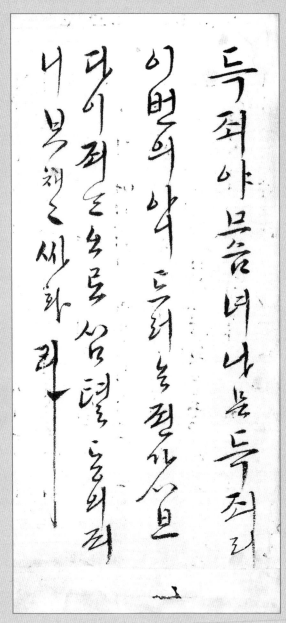

효종의 한글 편지, 국립중앙박물관 소장.

채고 싸워라.

숙명공주가 큰 죄를 지었다고 하자 효종은 궁궐에 들어오지 않은 것이 가장 큰 죄라고 하면서, 이는 다 사위 심익현 때문이니 그와 한바탕 싸우라고 말한다. 이처럼 효종도 딸들에 대한 애정을 주체하지 못했다.

시집간 딸들을
기다리며

인선왕후의 편지에는 딸 가족의 건강을 걱정하는 모습이 잘 나타나 있다. 모든 부모의 바람은 자식들이 아프지 않고 건강하게 살아가는 것이다. 자식이 아프면 자기가 아픈 것보다 훨씬 더 걱정한다. 인선왕후 역시 끊임없이 딸 가족의 건강을 걱정하곤 했다. 다음은 인선왕후가 숙명공주에게 보낸 편지다.

글월 보고 무사하니 기뻐하며 직접 보는 듯 못내 반기노라. 익평위(숙안공주의 남편)는 만리 행역(중국 사신)을 무사히 다녀오니 기쁘기 그지없으나 가지가지 마음이 새로이 서러워하노라. 부마(숙명공주의 남편)는 어찌 그러하느냐. 염려가 끝이 없는 중 머리에 난 종기도 헌 것이 오래니 더욱 걱정되고, 등에 돋은 종기도 위험한 곳이니 염려가 그치지 않노라. 어제 오늘은 혼자 더욱 적막히 앉아 가지가지 마음도 서럽고 슬픈 일이 많아 아직껏 눈물을 흘리고 있노라. 인평대군(효종의 아우)의 대상(大祥)도 마저 지나니 어느 사이에 3년이 지났느뇨. 새로이 답답하여 하노라. 내일 들어오면 볼까 기다리고 있노라.

익평위는 중국 사신을 무사히 다녀와 그나마 다행이나, 숙명공주의 남편 인평위 정제현은 머리와 등에 난 종기가 낫지 않아 큰 걱정이라고 한다. 효종이 머리에 난 종기 때문에 죽어서인지 인선왕후는 걱정을 떨치지 못한다. 아울러 이번에도 궁궐생활의 적막함을 호소하며 은근슬쩍 숙명공주에게 내일쯤 들어오라고 재촉하고 있다.

손자를 돌보는
기쁨

적막하고 무료한 궁궐에서 지내는 인선왕후에게 손자들을 데려다가 돌보는 것은 크나큰 낙이었다. 그래서 틈나는 대로 손자들의 소식을 편지로 써서 딸들에게 보냈다. 인선왕후의 편지 중에는 특히 이와 관련된 내용이 많다. 우선 손자들을 보고 싶어하는 편지부터 살펴보자.

글월 보고 무사히 있으니 기뻐하며 직접 보는 듯 든든하고 반갑도다. 사연도 보고 가상이 형제(숙명공주의 아들)는 잘 있는가 싶으니 기뻐하며, 가상이의 말을 보니 그놈의 어여쁜 상을 보는 듯하니 언제 날이 더워 데려다가 볼까 일컫노라. 볼 날이 머지 아니하니 아이같이 손꼽아 기다리고 있노라.

글월 보고 무사하니 기뻐하며 직접 보는 듯 다시금 든든하고 못내 반기노라. 그리 주야를 떠날 사이 없이 지내다가 어제는 매양 같이 있지 못할 것이라 하여 내어 보내니 호젓하고 섭섭하며 무료하기를 어이 다 적으리오. 한갓 마음만 언짢고 가득한 심사가 더욱 뭐라 할 말이 없으니 속절없이 눈물만 흘릴 뿐이로다. 가상이 형제(숙명공주의 아들)도 잘 있는가 하며, 이 편지를 보면 오죽 반가워하랴 일컫고 있노라. 너희 나비(고양이)는 여기에서 보낸다.

가상이 형제란 숙명공주의 두 아들인 가상이, 원상이를 말한다. 인선왕후는 첫 번째 편지에서 두 손자의 안부를 듣고 직접 보는 듯 기뻐하면서 얼른 데리고 들어오라고 말하고 있다. 두 번째 편지에서는 딸, 손자와 같이 지내다가 어쩔 수 없이 내보낸 뒤 섭섭하고 무료하여 눈물만 흘리고 있다고 쓴다. 그리고 숙명공주가 두고 간 고양이를 보낸다고 적고 있다. 숙명공주는 고양이를 무척 좋아하여 항상 품에 안고 있었는데, 한 번은 효종이 편지로 꾸지람을 하기도 했다.

너는 고양이를 시집에 가서 버린다고 했으면서 어찌 다시 고양이를 품고 있느냐. 행여 감기나 들었거든 약이나 해서 먹거라.

시댁에 가면 고양이를 버린다고 약속해놓고선 어찌하여 또다시 품고 있느냐고 딸을 야단치고 있다. 숙명공주는 소문난 애묘인이었다.

또한 인선왕후는 자주 손자들을 궁궐로 데려다가 돌보았다. 하지만 손자들을 돌보기란 결코 쉬운 일이 아니었다. 먼저 인선왕후가 숙명공주의 두 아들인 가상이와 원상이를 돌보는 모습부터 살펴보자.

글월 보고 무사하니 기뻐하며 직접 보는 듯 든든하고 반기노라.
가상이는 이제는 좋아져서 밤에 잠도 잘 자고 잘 있으되 중혀(혀
의 종기)가 채 없어지지 아니하여 오늘 또 의관에게 뵈려 하노라.
원상이도 올라오고 제 형도 어제 올라와 놀다가 갔느니라. 원상
이가 코 흘리고 고뿔(감기) 기운이 있는 듯하거늘 오늘은 방 안에
넣어두라 하였노라.

글월 보고 무사히 있으니 기뻐하며 직접 보는 듯 든든하고 못내
반기노라. 어제 부마는 들어오니 비록 보지 못하나 든든하기 그
지없어 밤새껏 일컫고 있노라. 가상이는 아바마마가 왔으니 가
보려 한다고 옷도 아니 입고 나가니 자연 혈육인가 싶다 이르고
사랑스러워하노라. 원상이는 밤에 잠도 잘 자고 기운도 평소와
같되 저녁때면 열나고 기침도 많이 하고 하다가 저문 후면 몸도
도로 식고 기침도 그치고 잘 있으니, 요새 돌림병이 다 그렇다 하
니 저도 따라서 그러한가 싶다. 숙안공주(인선왕후의 첫째 딸)는 불의
에 나가니 섭섭하기를 어찌 다 말하리. 다만 오래지 않아 들어올
것이니 기다리고 있노라.

글월 보고 무사히 있으니 기뻐하며 직접 보는 듯 든든하고 반가
워하노라. 가상이네는 달포 있다가 나가게 되니 더욱 섭섭하기
그지없어 하노라. 가상이는 아침부터 떡 달라 하고 온갖 떼를 써

서 급작스레 떡 하노라 난리치니 이런 변고가 없어 웃노라. 음식 가지 수를 손가락 꼽아 세며 내노라 하고 보챈다.

첫 번째 편지에서는 가상이의 병이 아직 낫지 않아 의관에게 보이려 하고, 원상이도 감기 기운이 있는 듯하니 조심해야겠다고 전한다. 두 번째 편지는 원상이가 요즘 유행하는 전염병에 걸려 고생하고 있다는 내용이다. 마지막 편지에서는 가상이가 아침부터 먹을 것을 달라고 떼를 써서 애를 먹었다고 하소연한다. 인선왕후가 얼마나 힘들게 손자들을 돌보았는지 잘 보여주는 대목이다.

인선왕후는 숙휘공주의 자식들인 인상이와 효희도 궁궐로 데려와 돌보곤 했다. 인선왕후는 숙휘공주를 특별히 아끼고 사랑했듯이 그 자식들도 무척 예뻐했다.

글월 보고 직접 보는 듯 든든하고 반가우나 부마의 병이 날로 나아지지 않고 매양 한가지니, 하루이틀 하여 벌써 반달이 넘어가니 이런 갑갑하고 민망 민망한 일이 어디 있으리. 병과 죽은 되어야 좋다 하니 한시각 심하게 앓고 나야 좋은데, 저리 어렴풋하게 있으니 더욱 갑갑하여 하노라. 내일 들어오면 시원히 기별이나 들을까 하노라. 인상이(숙휘공주의 아들) 오누이가 들어오니 너희를 보는 듯 든든하며, 인상이는 그놈이 막 어여쁜 얼굴하고 전에 볼 적과 그 사이 달라졌으니 더욱 어여쁘다. 효희(숙휘공주의 딸)는 고년이 아무를 보아도 울지 아니하고 너펄거리고 어여쁘니, 어제 오늘은 그것들로 소일을 하고 너도 보는 것으로 삼고자 일컫노라. 어의 이형익을 다시 보고자 하면 비록 시골 갔을지라도 부르고자 하니 그것을 의논하여 오너라.

인선왕후는 우선 숙휘공주의 남편인 인평위 정제현의 병을 걱정하고 있다. 그러고는 인상이와 효희 오누이를 무척 예뻐하며 날마다 그들을 돌보며 소일하고 있다고 말한다. 이렇게 노년의 인선왕후에게 가장 큰 즐거움은 역시 손자들을 돌보는 일이었다.

소설 애호가이자
후원자

　　　　　　　　끝으로 인선왕후는 소설을 탐독하며 무료한 궁궐생활을 달래기도 했다. 조선 후기 상류층 규방 여성들의 가장 큰 여가문화는 소설 읽기였다. 17세기 중·후반부터 규방 여성들은 소설 읽기만이 아니라 창작에도 직접 관여하면서 본격적인 소설 문화를 형성해나갔다. 18세기 이후엔 상업적인 세책가(貰冊家), 즉 도서대여점이 등장해서 전문적인 여성 소설가까지 출현했다. 대개 한글로 쓰였으며, 수십에서 수백 권에 이르는 대하소설이었다. 대표적인 작품으로 『소현성록』(15권 15책), 『옥원재합기연』(21권 21책), 『완월회맹연』(180권 180책) 등이 있다. 이들 소설은 거대 가문 속에서 살아가는 수많은 사람들에 얽힌 이야기, 특히 부부 갈등과 여성들의 꿈(사랑, 영웅, 학문 등)을 잘 묘사하고 있다.

당시 한글 대하소설의 창작과 유통 방식은 대략 이러했다. 우선 글재주가 있는 규방 여성이나 일 없는 선비들이 소설을 지어 청계천의 광통교 주변에 있는 세책가에 내다팔았다. 세책가에선 이를 다시 보기 좋게 필사해서 한양을 비롯한 용인, 강화, 파주 등 근기지역의 규방 여성이나 경제적으로 여유가 있는 중인, 평민 여성들에게 돈을 받고 대여해주었다. 그들은 비녀나 반지, 솥 등 값어치 있는 물건을 담보로 잡은 뒤 소설 1권당 1~2푼의 돈을 받고 빌려주었다. 인기 있는 소설은 궁중 여성, 즉 왕비나 후궁, 공주, 옹주, 상궁들의 요청을 받고 궁궐로 들어가 궁체로 깨끗이 필사되어 읽히곤 했다. 1966년 창덕궁 낙선재의 다락방에서 대거 발견된 이른바 '낙선재본 소설'이 바로 그것이었다. 이들 한글 대하소설은 당시 여성들에게 요즘의 TV 드라마처럼 중요한 여가문화였다.

인선왕후도 17세기 후반의 보기 드문 소설 애호가였다. 그녀는 아래의 숙명공주에게 보낸 편지들에서 볼 수 있듯이 적막하고 무료한 궁궐생활을 각종 소설을 탐독하며 달래곤 했다.

글월 보고 무사하니 기뻐하며 직접 보는 듯 든든하고 반갑도다. 그리 나간 지 여러 날이 되도록 아무래도 섭섭하고 무료하여 하노라. 녹의인전은 고쳐 보내려 한다니 기뻐하노라. 네가 한 몫은 하는구나.

입효산 보냈으니 빈속에 구태여 먹으려 하지 말고 오늘은 두 번 먹으라 일러라. 하북이장군전 보낸다. 감역집에서 베낀 책 찾아서 들어올 때 가져오너라.

글월 보고 무양호시긔거 호며 반

기후 스러 나간디 여러날 이리도 호몯 섬

그 무록 호여 호라 녹 이인 뎡흔고 려 복뻐 려간

니깃거 호라 뎌 일 연흔 호라 슈희 론즘

버 개 취영 흘 겁차 니긴셔 그뻐 꺼 지뎌 은 호려

글 시 상필ㅅ 두라 브 슈 와 희 흘 제 너 눈 잇 디 려 홀

다

인선왕후의 한글 편지, 국립중앙박물관 소장.

내일 들어오면 볼까 기다리고 있노라. 네 병은 의관 유후성에게 물으니 약도 ○○ 달리 고치는 일도 있으니 내일 들어올 것이므로 아니 적노라. 수호전은 내일 들어와서 네가 차려 보내거라.

인선왕후는『녹의인전』,『하북이장군전』,『수호전』등 여러 중국 소설을 세책가에서 베껴 쓰게 해서 읽었다. 뿐만 아니라 인선왕후는 권상명의 부인인 용인이씨와도 교유하면서 당시 여성들의 소설 문화를 발전시키는 데 크게 이바지했다. 용인이씨(1652~1712)는 본편『소현성록』과 후속편『소씨삼대록』(총 15권 15책)으로 이루어진 소현성록 연작소설을 비롯해서 그것들의 주변 이야기인『한씨삼대록』,『설씨삼대록』,『수제옥환빙』등의 국내 소설과『조승상칠자기』,『삼강해록』,『의협호구전』등의 중국 소설을 창작(추정) 혹은 필사해서 후대에 전한 17세기 중후반의 대표적인 소설 애호가였다. 공교롭게도 용인이씨는 열네 살 때 소설을 필사해서 인선왕후에게 칭찬을 받은 적이 있었다. 다시 말해 용인이씨의 평생에 걸친 소설 편력은 어린 시절 인선왕후의 따뜻한 격려가 있었기에 가능했던 것이다. 이와 같이 인선왕후는 보기 드문 소설 애호가이자 후원자로서 당시 여성들의 소설 문화를 활성화하는 데 매우 중요한 역할을 했다.

솔직한 감정 표현

인선왕후 역시 편지에서 자신의 감정을 솔직히 표현했다. "언제 너희가 들어올까 눈이 빠지게 기다리고 있노라." "올해나 어서 죽기를 원하노라." "후세에나 서로 떠나는 일 없이 살고자 하노라." 이처럼 인선왕후는 적막한 궁궐에서 딸들을 그리워하는 마음을 서슴없이 이야기했다. 어찌 보면 그녀는 정말 예민하고 외로움을 많이 타는 사람이었던 듯하다.

그렇다면 딸들은 엄마의 하소연을 어떻게 받아들였을까? 엄마가 너무 어린아이 같다거나 자식들에게 의존한다며 귀찮게 여겼을까? 그토록 많은 편지를 주고받은 것을 보면, 딸들은 인선왕후의 솔직한 감정 표현을 별다른 부담감 없이 있는 그대로 받아들인 듯하다. 엄마도 외로우면 외롭다고 하고, 자식이 보고 싶으면 보고 싶다고 얼마든지 솔직히 말할 수 있다고 생각했던 것이다.

우리는 부모란 뭐든지 참고 견디며 항상 자식들보다 어른스러워야 한다고 생각한다. 하지만 그들 역시 부모이기 이전에 한 '인간'이란 사실을 인식해야 한다. 자식을 한 인간으로 바라봐야 하듯이, 부모도 한 인간으로 바라봐야 하지 않겠는가. 인선왕후가 평소 자신의 감정을 솔직히 표현할 수 있었던 것은 바로 이러한 사회적 분위기 덕분인 듯하다.

11 노부부의 사랑과 전쟁,
신천강씨

　지금까지 우리는 소통의 사례를 살펴보았다. 하지만 막상 세상을 살다 보면 소통보다는 불통의 사례가 훨씬 더 많은 법이다. 불통이란 상대방의 말을 듣지 않고 자기주장만 내세우며 고집을 피우는 것으로, 서로 끊임없이 갈등을 벌이다 결국은 파멸로 치닫게 한다. 또한 불통은 상대방에게 엄청난 스트레스를 안겨줄 뿐 아니라 서로를 불행에 빠뜨리는 원인이다.

　불통 사례가 가장 잘 드러난 것이 16세기 서울에 살았던 양반 여성 신천강씨의 한글 편지와 17세기 경북 달성에 살았던 시골 양반 곽주의 한글 편지가 아닌가 한다. 먼저 신천강씨의 한글 편지에는 남편 김훈이 첩을 얻은 일로 인한 부부싸움과, 그럼에도 불구하고 끝까지 자기감정을 솔직히 표현하며 결국 화해하기에 이르는 조선 중기 부부간의 불통 문제가 잘 드러나 있다.

시집간 딸에게
수많은 편지를 보낸 사연

1977년 봄 충북 청원군 북일면에서 비행장 건립을 위해 순천김씨의 묘를 이장하던 중 마치 살아 있는 듯한 40대 여성의 미라와 함께 신발, 의복, 버선 등이 발굴되었다. 또 내관과 시신 사이에서 총 192통의 편지가 나왔는데, 바로 묘의 주인인 순천김씨가 생전에 가족들에게 받아 보관하던 것들이었다. 순천김씨가 평생 동안 받은 편지를 불태우거나 재활용하지 않고 무덤까지 가지고 간 것이다.

편지의 발신자를 조사해보니 순천김씨의 친정어머니인 신천강씨가 보낸 것이 118통으로 가장 많았고, 그다음으로 남편 채무이, 기타 아버지 김훈과 남동생이 보낸 것이었다. 특히 어머니 신천강씨가 보낸 편지는 양도 많을 뿐 아니라 모두 한글로 쓰여 있어서 눈길을 끌기에 충분했다. 그럼 이토록 많은 편지를 딸에게 보낸 신천강씨는 과연 누구이고, 도대체 무슨 사연이 있었던 것일까?

신천강씨는 창원부사를 지낸 강의의 딸로 경상도 선산에서 태어났다. 정확한 생몰연대는 알 수 없으나 족보에서 남자 형제들의 출생연도를 토대로 추정해본 결과 1510년대에 태어나 1585년경에 죽은 것으로 보인다. 임진왜란 바로 이전의 인물이었던 것이다.

신천강씨는 정3품 해주목사를 지낸 김수렴의 아들 김훈과 혼인한 이후에도 처가살이 풍속에 따라 친정 혹은 그 가까운 곳에서 살았다. 나중에는 남편의 고향인 서울과 근무지인 경상도 청도에서 사는 등 자주 옮겨다녔다. 남편 김훈의 생몰연대도 정확하지 않은데, 다만 예순 살에 음

신천강씨의 한글 편지, 충북대학교 박물관 소장.

직으로 성현역 찰방(종6품)이 되었음을 알 수 있다.

이들 부부는 슬하에 3남 4녀를 두었다. 그중 어머니의 편지를 간직한 순천김씨는 셋째 딸로, 청주 흥덕골에 사는 채무이(1537~1594)의 후처로 들어갔으나 역시 처가살이 풍속에 따라 서울에서 친정 부모와 함께 살거나 남편의 본가인 청주 흥덕골에서 살기도 했다. 신천강씨의 둘째 아들 김여물(1548~1592)은 1567년 생원시에 합격하고, 1577년 문과에 장원급제하여 충주도사, 의주목사 등을 지냈으며, 임진왜란 때는 신립 장군을 도와 충주 달천에서 왜적과 싸우다 순절한 인물이다. 전쟁이 끝난 후 정1품 영의정에 추증되었다. 김여물의 아들 김류도 1627년 정승에 임명되어 영의정까지 올랐다. 신천강씨는 노년에 남편 김훈과 부부싸움을 심하게 벌였지만, 그 자식과 손자는 모두 영의정에 오르는 최고의 영예를 누렸다. 부부싸움도 제대로 하면 자식교육에 별다른 지장을 주지 않는다는 것을 알 수 있다.

첩을 두려는 남편과 벌인
치열한 부부싸움

신천강씨의 한글 편지를 보면 16세기 여성들의 생활사 및 가부장제가 정착되기 이전 여성들의 자아의식이 잘 나타나 있다. 먼저 신천강씨는 복잡한 집안일을 거의 혼자서 주관했다. 예컨대 장 담그기와 같은 음식 수발, 면화 재배와 누에치기, 베 짜기, 쪽물 들이기, 옷 짓기 등의 의복 수발, 곡식이나 무명으로 젓갈과 소금, 약재를 사는 물품 구입, 자식들과 각종 물건을 주고받는 물품 수수 등이 그것이다. 그런데 신천강씨는 양반층임에도 불구하고 늘 쪼들리는 생활을 면치 못했다. "올해나 살아서 남의 빚이나 치우고 죽을까 한다"라는 말처럼 자주 빚을 얻어 썼다.

또한 신천강씨의 한글 편지에는 노년 여성의 처지와 심회가 생생하게 잘 나타나 있다. 예컨대 "나이 드니 정신이 없어 이젠 자식들도 사랑스럽지 않다", "늙으니 날이 서늘해지면 기운이 아프지 않은 데가 없어 문 닫고 방 안에만 들어앉아 있다", "이제 나는 일도 못하겠구나. 웬만하면 도로 보내겠느냐? 나도 이제 죽을 때도 다다라 있고 옷 한 벌이나 하여 입고 가고자 하니 더욱 잡일을 하지 않겠다. 너희도 서럽거니와 나도 이제 늙고 병드니 앞에 놓인 일도 일어나며 움직일 마음이 없구나. 나도 이리 보낸다. 안심이 되지 않는구나" 등의 대목이 그것이다. 요즘 노년 여성들이 흔히 쓰는 말과 거의 다르지 않다.

신천강씨의 한글 편지에서 가장 흥미로운 대목은 역시 남편 김훈이 첩을 얻은 후 생긴 치열한 부부싸움이다. 16세기인 조선 중기만 해도 여권이 제도적으로 보장되었기 때문에 남편의 첩에 대해 아내들이 그

낭 넘어가지 않고 치열한 부부싸움을 벌였다. 성리학적 가부장제가 정착한 조선 후기와는 상황이 많이 달랐던 것이다. 신천강씨의 한글 편지에는 첩을 두고자 하는 남편에게 맹렬히 반발하는 부인의 모습이 적나라하게 나타나 있다. 고로 이 문제를 중심으로 16세기 사람들의 부부싸움과 불통의 실제에 대해 자세히 알아보자.

질투 때문에
화병이 나고

김훈은 예순 살에 이르러 음직으로 성환역(경상도 청도) 찰방에 제수되었다. 찰방은 역참의 일을 맡아보던 종6품의 벼슬이다. 이를 계기로 그는 평소 가까이하던 '음악하고 술 먹는 여자', 즉 기생을 첩으로 들이고자 했다. 아마 혼자 외방에 나가 있을 때 뒷바라지해줄 여자를 구하고자 했던 듯하다. 그러자 신천강씨가 용심(用心: 남을 시기하는 심술궂은 마음)을 낼 뿐만 아니라 심지어 화병까지 나서 반발한다. 하루는 딸 순천김씨가 어머니가 아프다는 소식을 듣고 걱정하며 안부 편지를 보내는데, 이에 신천강씨가 아래와 같은 답장을 써서 보낸다.

의원이 말하되 "마음을 편히 먹지 않으면 이 병이 중하게 되고, 마음에 용심만 없으면 1년 내로 약을 장복하면 좋으시겠다" 하니, 용심이 없게 너희 아버님이 잘 건사하기를 바란다. 지극하게 하면 그년을 버릴 법도 하거니와, 그렇다고 음악하고 술 먹는 년이니 데리고서 술과 음악을 하고 종일 꽃밭에서 있으니, 나야 이미 박절하게 되니 죽는다고 한들 생각이나 하겠느냐? 다만 자식들이 가자면 그리하여 볼 것이다. 예전에도 첩들을 경험하였지만, 이제는 내가 아주 좋지 않게 되니 이렇게 서러워 다 못 쓰겠구나.

신천강씨의 답장은 아주 당당하고 솔직하다. 자신의 병은 용심 때문에 생긴 것인데, 그것을 없애는 방법은 남편이 처신을 잘하는 것이라고 말한다. 다시 말해 술과 음악을 하는 기생첩을 포기하면 금방 나을 병이라는 것이다. 또 김훈은 과거에도 첩을 들이려 한 적이 있다고 폭로하고 있다.

신천강씨가 계속 첩을 들이지 못하도록 하자, 김훈은 크게 역정을 내며 아예 집을 나가버린다. 신천강씨는 답답하여 또다시 딸에게 하소연하는 편지를 써서 보낸다.

집에 있으니 어느 종이 내 마음 받들어 일을 하여주겠느냐? 심열이 있어 이런 일을 당하면 마음이 어지러워 아무것도 못하니, 너희는 나를 살았는가 여겨도 몸만 이승에 있다. 당신도 첩 없이 있다 하며 역정을 내고 저리 떨어져 있으니 남처럼 살아 이젠 의논도 못한다. 내 말리는 까닭이 없건마는 내 병드니 첩 없이 있다 하며 날 향해 사사롭게 화를 내니 차라리 첩이 있어야 당신 마음이 편하겠지마는 화를 내는가 하여 내 마음이 더 편치 못하니 여자란 것이 오래 사는 것만큼 사나운 일이 없구나. 올 가을은 더욱 마음을 잃게 되는구나. 아주 바삐 지나가므로 아무것도 보내지 못한다. 광어 하나 민서방 집.

앞에서 살펴본 인선왕후처럼 신천강씨도 자식들에게 자신의 마음을 솔직히 표현하고 있다. 남편과 부부싸움을 하면서 든 생각이나 감정을 딸에게 숨김없이 털어놓는 모습이다. 그녀는 부모라고 해서 힘든 모습을 감추고 항상 근엄해야 한다고 생각하지 않았다. 힘들면 힘들다, 속상하면 속상하다고 솔직하게 털어놓았던 것이다.

이번에도 두 사람은 한바탕 부부싸움을 벌였는데, 신천강씨가 첩을 내보내라고 하자 김훈은 사사롭게 화를 내거나 첩 없는 사람은 자기뿐이라고 역정을 내며 집을 나가버린 듯하다. 이에 신천강씨는 더욱 속을 끓이며 "여자란 것이 오래 사는 것만큼 사나운 일이 없구나"라고 한탄한다. 그 와중에도 신천강씨는 광어 하나를 챙겨서 딸의 집에 보내고 있다.

신천강씨의 반대에도 불구하고 김훈은 기어코 그 기생을 첩으로 삼아 근무지인 성환역에 데리고 가서 시중을 들게 했다. 이에 신천강씨는 상심하여 또다시 딸에게 하소연하는 편지를 써서 보낸다.

채서방 집
생원(둘째 아들 김여물)을 보니 아주 반가워 눈물뿐이다. 나는 살아 있지만 내 기운이 매우 좋지 않으니 살 힘이 없어 다시 볼 길이 없구나. 바느질은 가망이 없거니와 아무 일도 못하니 딸린 자식이 있으나 이런 인생은 없다. 내 것이라도 헌 것조차 고쳐 입지 못한다. 네 아버님도 아직 목숨이 있어 저리 첩을 안고 있지만 버선 짝도 못 기워 신으니 서러워 어진 첩이나 얻어야 살 것이다. 이제는 내 팔자를 한탄하고 있다. 이렇게 병든 것을 자식 하나가 섬기지 않는구나. 내 가기야 갈 것이지만 정말 못 가겠구나. 네 오라비(첫째 아들 김여홀)가 와야 너희들이 알 것이다. 이제는 이가 다 빠져가고 비위가 차가운 것 많이 먹어 상하니 음식도 못 먹고 편지도 마음대로 못 써 기운이 아주 나은 때에야 겨우 편지 한다. 네 병은 어떠하냐? 네 오라비도 사월 보름께 나간다. 생원도 엿새 묵어 싱환억에 갔다. 옥천 며느리도 제 집에 갔다.

신천강씨는 지금 자신은 살아 있어도 사는 게 아니라고 말한다. 바느질도 하기 싫고, 아무 일도 손에 잡히지 않는다고 푸념한다. 남편도 첩을 얻을 바엔 차라리 어진 첩이나 얻을 것이지 버선 짝도 못 기워 신는 쓸모없는 첩을 얻었다고 한탄한다. 이어서 자식들도 자기 마음을 몰라준다면서 아들 딸들을 원망하고 있다. 그러면서 자신도 남편의 부임지인 성환역에 가야겠다고 한다.

남편을
뺏기고 싶지 않은 심정

얼마 안 있어 신천강씨는 성환역으로 찾아가 당장 '첩질'을 그만두라고 다그친다. 그러나 김훈은 잡말 말라고 하면서 계속 고집을 피운다. 도무지 말이 통하지 않자 신천강씨는 설움에 복받쳐 딸들에게 편지를 쓴다.

    종 유덕이와 문금이는 모습도 보지 못하고 선금이가 부엌일이 나 하여주고 있다. 종이나 남이나 시새움한다 할까 하여 남에게 도 아픈 사색도 않고 있다. 너희 보고 서럽게 여길 뿐이지만, 마음 둘 데가 아주 없어 편지를 쓴다. 일백 권에 쓴다 한들 다 쓰겠느냐? 생원에게는 말하지 말며 사위들과 남들에게 다 이르지 말고 너희만 보아라. 종잇장을 얻어 쓰지 못하겠구나. 이렇게 앓다 가 아주 서러우면 내 손으로 죽되 말없이 소주를 맵게 하여 먹고 죽고자 요사이 계교를 하되, 다만 너희는 어이없이 되었으니 잊 어버리고, 생원을 보고 죽으려 원망하지 않고 견딘다마는 가슴 이 몹시 답답한 때야 그저 모르면 이렇게 서럽겠는가 싶구나. 보 고 불에 넣어라, 불에 넣어라.

발기의 첩을 그만두기를 바란다고 한 것을 미워 노하여서, 마누 라와 응전 년을 데려다 주고 있는 것은 밉지 않은 첩 말이다. "내 이년이 밉지 않으니 이는 첩을 삼겠다. 잡말 말라", 발기 것 미워 라 미워라 하고 첩을 얻지 말라 할지라도, "계집아이라 얻었다. 다시 잡말 말라" 하고 있으니, 무슨 말을 하겠느냐? 화병이 일어 나 종일 데리고 닫고 들었고, 내게 편지도 세 줄에서 더 하지 않 는다. 나도 아무 말도 하지 않는다. 아들들까지도 나를 시샘한다 하므로 나는 열아흐렛날부터 아픈 것을 지금까지 마치어서 앓는 다. 누워서 앓는 병이 아니니 견디지마는 마음이 매양 서러우니 천지가 막막하구나. 음식 먹지 않으면 종들이나 기별할까? 조석

반을 받아는 본다. 영금이 년도 나날이 못 가는가 몹시 괘씸히 굴고, 당신도 보내라 하므로 엊그제 보내고, 선금이에게 내 몸을 의지하고 있다.

신천강씨는 지금 성환역 주변에서 여종 선금이의 시중을 받으며 홀로 지내고 있다. 먼저 그녀는 하소연할 데가 없어 또다시 딸에게 편지를 쓴다고 한다. 종이나 아들, 사위 등은 자신이 시샘한다고 흉볼까 싶어 오직 딸들에게만 편지를 쓴다는 것이다. 또한 소주를 맵게 하여 먹고 죽으려 한다면서, 남 보기 부끄러우니 편지를 보는 즉시 불태우라고 부탁한다.

그런 다음 본격적으로 부부싸움 이야기를 폭로한다. 첩의 이름은 '발기'였던 듯하다. 신천강씨가 그 첩을 내보내라고 하자, 김훈이 "내 이년이 밉지 않으니 이는 첩을 삼겠다. 잡말 말라", "계집아이라 얻었다. 다시 잡말 말라"라고 하면서 고집을 피우더라는 것이다. 이후로는 편지도 세 줄 이상은 하지 않는다고 했다. 그래서 신천강씨는 지금 화병을 얻어 누워 있다고 한다.

김훈은 계속 기생첩을 데리고 살고, 신천강씨의 화병은 갈수록 깊어만 간다. 급기야 그녀는 딸에게 장문의 유언장과 같은 편지를 써서 보내고 죽고자 한다. 이 편지는 첩에 빠진 남편을 둔 여인의 심정이 잘 나타난 그야말로 '명문(名文)'이 아닐 수 없으므로 분량이 다소 길더라도 전문을 싣는다.

아이고 내 팔자 보아라. 내가 아들을 못 낳았냐? 딸을 못 낳았냐? 내 몸이 늙어 못 쓰게 되니 이런 중병을 얻어 이것도 내 팔자지만 적적 천리를 가볍게 여겨 와서 아파 누워서 두 손끝 마주 쥐여 가슴 위에 얹고 세월을 지내며 반듯하게 자빠져서 생각하니 아들도 보고자 딸도 보고자 지아비도 보고자 생각하고 눈물이 비 오듯 두 귀 밑에 흐르면 행여 누구 왔는가 눈을 뜨니 구화와 영이가 곁에 앉았더구나. 아! 거짓 것이구나. 도로 눈을 감으니 눈물이 솟다가 지는구나. 내 팔자 보아라, 죽을 때가 되었구나 하고 아프면 시샘으로 그러는가 하고 아들이라도 와 어떠냐고 할 뿐이니, 내 아픈 것도 말하지 않는다. 다만 내 병이 날로 깊어가고 마음이 날로 허하여 없어가니 인사나 알 때 내 가슴 태우는 뜻이나 쓰고 마저 쓴다. 나 죽거든 내 ○○ 재기 있다. 찾아보아라. 내 목숨이 한이었는지 이 벼슬이 죽을 때였는지 내 흉을 허술하게 써 궁하게 되었구나. 시샘하여 나를 악정하는구나. 온 가지로 나를 미워하니 병인이 없어지면 시원할 것이니 마음이 몹시 심란하여 아득한 때면 칼을 쥐어서 목을 찔러 죽고자도 하고 노끈을 가지고 목을 매달아 죽고자 하여 만져보고 마음을 잡아놓거니와 내 몸이 몹시 허하고 마음이 간 데 없어 시각이 나날로 더하여가니 이 마음 못 잡아 서러워 어떤 때면 동산을 바라보고 뜰에 나돌다가 겨우 마음을 잡으니 밤이나 낮이나 혼자 앉아서 몹시 울고 마음을 쓰니 목이 메어 음식을 못 먹고 밥을 한 되 지어서 영이 반 주고 떠서 먹자 하니 딱히 맺히어 한 홉 반 먹고 두 아이 나누어주고 날이 저물거나 새거나 있다. 누가 내게 먹으라 할 사람 있겠느냐? 내 몸이 하도 괴로우니 빨리 죽고자 함이 커 스스로도 죽으려 계교를 하되 다만 생원이 전시를 보게 되면 다시 보고자 먼 데서 분상(奔喪).

이제 몸이 상할까 이 세월을 견딘다. 딸 셋은 어이없으니 볼 생각이 없다. 너희도 다시 볼 생각 말고 말하고 싶었던 말 있으면 편지 다 하라. 그렇거니와 그래도 서러운 뜻이야 견딜 둥 말 둥 하구나. 죽어 입을 것이 없어 그것이 민망하다. 당신은 어린 계집 음악시키고 아귀도 풍성하게 놓고 아들들 앉히고 노는 것이 놀이고 궁한 내 일이야 올해에도 생각하지 않고 있으며 종도 다 달아나 거기에 가 의탁하고 내 몸이 병만 없으면 그렇다고 견디지 못하랴마는 중병으로 마음을 몹시 써 견디지 못하니 어느 종과 자식이 알겠느냐? 내 가슴 태우는 일이 가이 없어 죽어도 너희 이토록 서러워하던 줄 모를 것이니 대강이나 하지 세세하게야 다 쓰지 못한다. 누가 내 가슴 후련하게 하겠느냐? 누구에게 다 말하고 죽겠느냐? 다시 생각해도 부부 사이 중하거니 믿던 일 거짓 일이라 하여도 너는 곧이듣지 않았는데 한 살이라도 어렸으면 저토록 서럽겠느냐? 자기는 추구하기 다하고 늙어 죽을 때에 중병이 되어야 이렇게 하니 더 서럽고 서럽구나. 어디다가 다 쓰고 죽으리? 죽으리? 내 정(情) 쓴 것 죽은 뒤에도 두고 보아라.

신천강씨는 아들도 낳고 딸도 낳은 당당한 여인이었다. 그런데도 김훈이 첩에 빠져 자신을 미워하고 업신여기며 어서 죽기를 바란다는 것이다. 원통한 신천강씨는 칼을 쥐고 목을 찌르거나 노끈에 목을 매달아 죽고자 한다. 하지만 그것도 쉽지 않아 겨우 마음을 다잡고 밤낮으로 혼자 앉아 울면서 지낸다. 특히 신천강씨는 늙어 죽을 때에 이르러 남편이 자신을 버리고 첩질을 하니 더욱 서럽다고 말한다. 악에 받친 그녀는 "내 정(情) 쓴 것 죽은 뒤에도 두고 보아라", 즉 자신의 심정을 적은 이 편지들을 없애지 말고 죽어서도 간직하라고 하면서 끝까지 저항의지를 불태운다.

신천강씨가 이토록 집요하게 첩 문제로 부부싸움을 벌인 이유는 무엇일까? "아들도 보고자 딸도 보고자 지아비도 보고자"라는 구절처럼, 사실은 남편을 빼앗기고 싶지 않았기 때문이다. 다시 말해 그녀는 여전히 남편을 사랑하고 있었던 것이다.

남편의 벼슬이
큰 해가 될 줄이야

김훈과 신천강씨는 계속 불통하며 치열한 부부싸움을 벌인다. 그즈음 보다 못한 딸 순천김씨가 아버지에게 "정말 너무하세요!"라는 내용의 편지를 써보냈던 모양이다. 이에 김훈도 답답해하며 변명조의 답장을 써서 딸에게 보낸다.

채서방 댁 수미 어미에게
우리는 옛날같이 살아 있다. 그 밖의 다른 말은 수기의 어미를 만나서 들어보아라. 네 종 못 준다고 서러워하는 일이야 내 모르랴마는 다 도망하던 놈이니 준다고 한들 어찌할 수 있겠느냐? 아끼지는 않아도 너도 못 부리고 나도 못 부리니 얼마나 허황되냐?

네 집을 다른 사람이 드나들면 건너와 있는 것이 지극히 좋다. 나는 병들고 네 어머님 시새움을 너무 하여 병드니 너희는 오래지 않아 상사(喪事)를 볼까 한다. 그리 불통한 사람이 어디 있겠느냐? 정은 무진하지마는 숨이 가빠 이만 쓴다. 12월 초8일 부(父).

김훈은 여전히 불통한 사람이었다. "네 어머님 시새움을 너무 하여 병드니"라며 아내 탓만 하고 있다. 다만 신천강씨 못지않게 김훈도 자식들과는 원활하게 소통하고 있었다는 점이 눈에 띈다. 보통 아버지와 딸 사이는 멀게 느껴지기 마련이지만, 이 편지에서 김훈은 딸한테 종을 주지 못해 미안하다며 이해를 바라거나 '정은 무진하다'고 하면서 딸을 생각하는 마음을 내비친다. 김훈은 최소한 자식들에게는 꽉 막힌 사람이 아니었던 모양이다.

이후에도 신천강씨는 서울로 돌아가지 않고 성환역 주변에 머물며 남편을 한없이 원망한다. 그 대표적인 편지 중 일부분만 살펴보자.

내 사연은 이루 말할 수가 없거니와 이제는 매사 남인 듯이 되니 내 집의 내 종이나 데리고 살다가 죽으면 실어 가거나 여기 묻거나 그것만 바라고 있으니 내 팔자를 한탄하고 벼슬이 내게 큰 해가 되더구나. 해가 되더구나. 다만 아들들은 마음 눅여 먹어 살라 하건마는 내 이렇게 박하게 된 후에야 눅여 살아서 무엇하겠는가 생각하니 날로 용심이 난다. 너희야 나를 다시 보지 않으려 하겠느냐마는 내 생각이 이러하니 서울에 다시 갈 마음을 아니하여 나는 이 집에서 죽을 마음을 먹고 있다.

신천강씨는 이제 남편을 포기한 채 남처럼 살고 있다고 말한다. 그러면서 "벼슬이 내게 큰 해가 되더구나. 해가 되더구나"라고 하면서 김훈이 느지막이 벼슬길에 오른 것을 한없이 원망한다. 또 서울 집에 가지 않고 여기서 그럭저럭 살다가 죽겠다고 말한다.

화해와 반전

결국 두 사람 사이에 큰일이 벌어지고야 마는데, 신천강씨가 부부싸움 도중 기절하여 쓰러져버린 것이다.

> 용심을 하니 문득 죽게 되어 거꾸러졌다가 깨니 학개가 곁에서 ○○ 목을 들고 앉아서 옷가슴이 젖게 우는 모양을 겨우 알아보고 눈물을 흘리면서 도로 인사를 모를 것이더라. 네 아버님이 흔들어 깨우며 생원이 보고자 하면 데려오자 하거늘 고개를 조아리거늘 데리러 희경이를 보내더구나. 이튿날이야 인사를 겨우 차리니 보냈다 하거늘 그제야 울면서 저는 나를 와 보려니와 병든 자식이 제 오라비 보내고 더 용심할 것이니 죽으면 아뢰기를 바란다고 하더구나. 그러고서 네 아버님께서 당신이 나를 살려내고 싶다 하거늘 그년을 내어보내더구나. 혼자는 못 있을 것이고 나는 이리 중하게 되니 벼슬 덕분에 못 살게 되었구나.

신천강씨는 끝내 용심을 이기지 못해 기절하고 만다. 곁에 있던 여종이 울부짖고, 놀란 김훈도 흔들어 깨우며 아들을 부르러 사람을 보낸다.

또한 그는 신천강씨를 살려내고 싶다고 하면서 기생첩을 내보내겠다고 약속한다. 김훈 역시 부인에 대한 정이 남아 있었던 모양이고, 첩에 빠져 본부인을 죽였다는 오명을 쓰고 싶지도 않았을 것이다.

마침내 두 사람의 부부싸움은 조금씩 진정되고 집안에도 평화가 찾아온다. 그런데 이번엔 김훈이 병이 들어 눕고 만다. 신천강씨는 그런 남편을 지켜보면서 딸에게 편지를 쓰는데, 왠지 모르게 승자의 여유가 느껴진다.

요사이 더위에 자식들하고 병인이 어찌 있느냐? 우리도 잘 있고 네 아버님도 가면 대체로 자식들이나 볼까 하시었는데 몹시 보채어 고열에 다니니 몹시 편치 않아 못 가 여기에 와 대엿새 누웠다가 이제야 일어나 가신다. 몹시 병이 드니 걱정되는구나. 나는 몸 성히 있다. 너희 몸이 아기를 배었으니 조심하여 지내거라. 네 무명도 이제 짠다. 가지 못하는 일이지만 전에 조금 하여 간다. 날이 몹시 덥고 어수선하니 자세히 못한다. 또 무명 열 필 두 묶음에 간다. 한 다섯 필이 가장 좋다. 그것일랑 장의골 초록 세 필 물들이러 갔으니, 그 값 주러 보내고 다섯 필로써 쪽 들일 명주 두 필을 바꾸되 가장 고운 것과 넓이 넓고 빛 고운 것으로 바꾸어라. 값이 적잖이 부족하면 개덕이의 공물로 베 한 필이 있었는데, 그것을 더 줄망정 반드시 겉명주처럼 고운 것으로 하여라. 감지나 최손(노비)이나 내달아 바꾸어라. 몹시 더우니 편지도 자세히 못한다. 너희는 명주 아주 엷으니 바꾼 것 감지(노비)에게 가져다가 관 집에 가 주고 개잘량을 바꾼다 하니 바꾸어라. 홍창수가 노엽구나.

어느덧 신천강씨는 김훈과 함께 지낼 뿐 아니라 "우리도 잘 있고", "몹시 병이 드니 걱정되는구나"라고 표현할 정도로 부부 사이도 가까워진 듯하다. 다만 김훈이 고열을 내며 병들어 누워 있는데, 다른 편지에 따르면 첩을 내보내고 아쉬워서 그랬다고 한다. 그에 비해 신천강씨는 건강하게 잘 지내고 있으며, 무명 짜기를 비롯한 갖가지 집안일을 다시 주관하기 시작한다.

이후 두 사람은 "우리 부부는 다 무사하다"라는 신천강씨의 편지 구절처럼 별탈 없이 살아간다. 둘째 아들 김여물도 장원급제하여 벼슬길에 나가 집안의 명성을 떨치고, 딸 순천김씨는 어머니의 유언과 같은 부탁에 따라 신천강씨의 편지들을 고이 간직하여 후대에 전한다.

이상과 같이 신천강씨의 한글 편지에는 남편의 첩 문제로 인한 부부싸움이 잘 나타나 있다. 특히 부부가 자신의 생각이나 감정을 솔직히 표현하며 서로 치열하게 싸우고, 이별하고, 죽고자 하고, 결국 화해하는 모습이 생생하다.

그에 비해 현대의 부부들은 제대로 싸우기보다는 오히려 피하는 쪽을 선택하는 듯하다. 부부가 위기 상황에서 끝까지 싸우며 타협점을 찾아가기보다는 그저 참거나 아예 갈라서버린다.

옛사람들은 아무리 심한 부부싸움을 벌이더라도 자녀들과의 소통은 원활하게 유지했다는 점도 눈에 띈다. 김훈 역시 신천강씨한테는 자기 주장만 내세우며 불통의 모습을 보이지만, 시집간 딸들을 세세하게 챙기고 애정 표현도 자연스럽게 할 줄 아는 다정다감한 아버지의 모습을 보여주고 있다.

신천강씨와 김훈의 이야기는 조선 중기 부부간의 불통 문제를 아주 생생하게 보여주는 사례다. '어느 노부부의 사랑과 전쟁'이란 제목으로 한 편의 연극을 만들어도 좋을 듯하다.

12

불통의 고통, 곽주

　소통은 기본적으로 상대방에 대한 배려와 존중으로부터 시작한다. 아무리 좋은 말이나 행동이라 하더라도 상대방의 입장을 고려하지 않은 채 자기중심적으로만 생각하고 행동한다면 그것 역시 불통인 것이다. 불통은 대개 일방적인 지시나 명령의 형태로 이루어지며, 앞에서 살펴본 김훈의 경우처럼 계속해서 상대방을 힘들게 하는 법이다.

　17세기 경북 달성에서 살았던 시골 양반, 즉 지방사족인 곽주도 그런 사람이었다. 지금까지 그는 집안 살림과 자녀교육에 신경을 많이 쓴 다정한 사람으로 알려져 왔으나 실제로는 자기중심적으로 일을 처리하는 불통 사례라 할 수 있다. 곽주는 오늘날 우리가 생각하는 전형적인 조선시대 가부장적 남편의 모습을 보여주고 있다.

자기 말만 하는
가부장적 남편

1989년 경북 달성군 현풍면에 사는 현풍곽씨 후손들이 12대 조모 진주하씨의 묘를 이장하던 도중 관 속에서 많은 의복과 편지를 발견했다. 의복은 장의, 창의, 저고리, 치마, 바지, 속곳, 버선 등 10여 점이 출토되었고, 손톱과 머리털을 모은 주머니도 함께 발견되었다. 조선시대 사람들은 '신체발부수지부모(身體髮膚受之父母: 신체와 터럭과 살갗은 부모에게서 받은 것이다)'라 하여 손톱이나 발톱, 머리털을 자르되 함부로 버리지 않고, 이처럼 주머니에 따로 모으거나 불태웠다.

편지는 총 172통이 나왔는데, 그중 한글 편지가 167통이고 한문 편지가 5통이었다. 곽주가 아내 하씨에게 보낸 것이 105통, 반대로 하씨가 남편 곽주에게 보낸 것이 6통, 시집간 딸들이 어머니 하씨에게 보낸 것이 42통이었다. 그 밖에 곽주가 장모와 노비에게 보낸 편지도 있었다. 이처럼 편지의 종류가 매우 다양하기 때문에 당시 가족사를 있는 그대로 생생하게 엿볼 수 있다. 또 노비에게도 편지를 보낸 것을 보면 노비들도 한글을 썼음을 알 수 있다. 출토 유물은 현재 국립대구박물관이 소장하고 있으며, 중요 민속자료 229호로 지정되었다.

곽주는 어떤 인물이고, 가족 사항은 어떠했을까? 곽주(1569~1617)는 홍이장군 곽재우의 종질로서 과거시험을 준비하던 선비, 즉 시골 양반이었다. 물론 그 지역에서 어느 정도 행세하는 지방사족이었고, 토지나 노비 등 경제력도 상당히 갖추고 있었던 것으로 보인다. 묘의 주인인 하씨(1580~1652년경으로 추정)는 그의 둘째 부인으로, 친정은 경남 창녕군

이양면에 있는 오야마을이었다.

곽주는 슬하에 4남 5녀를 두었다. 장남 곽이창(1590~1654)은 전처소생이고, 나머지 3남인 곽의창(1613~1647), 곽유창, 곽형창은 후처인 하씨 소생이다. 딸도 정예, 정양, 정렬, 덕례 등 다섯 명이 있었는데, 모두 잘 성장하여 출가했다고 한다. 이밖에 곽주도 첩을 두고 있었던 듯한데, 이에 대해서는 뒤에서 차근차근 얘기하기로 하자. 족보나 집안의 구전으로는 첩의 존재를 확인할 수 없다. 하지만 퇴계 이황 편에서 살펴보았듯이 당시 첩과 서자녀의 존재를 공개적으로 밝힌 이들은 많지 않았다. 아주 솔직하거나 인간적인 사람들을 제외하곤 굳이 밝히기를 꺼려했던 것이다.

그런데 하씨는 곽주의 후처로 들어가 얼마 동안 함께 살다가 전처자식, 첩과 갈등을 겪으며 따로 분가하여 살았다. 다시 말해 이들 부부는 별거를 했던 것이다. 곽주는 달성군 현풍면 소례마을에서, 하씨는 그곳에서 약 15킬로미터 떨어진 논공이란 마을에서 살았다고 한다. 곽주가 하씨에게 그토록 많은 편지를 보낸 것도 평소 출타 중일 때 하씨에게 편지를 보내 갖가지 집안일을 시켜서이기도 하지만, 나중에 부부가 서로 별거하고 있었기 때문이다. 이들 편지가 쓰인 시기는 하씨가 후처로 들어간 1602년부터 사망한 1652년까지, 즉 임진왜란 직후인 17세기 전반기의 약 50년간이다.

곽주의 편지는 구성이 단조롭고 문장이 간결하다. 대체로 용건만 간단명료하게 전달하는 자기중심적인 소통법을 구사하고 있다. 화법도 상대방의 의견을 묻거나 권유하는 것이 아니라 거의 일방적으로 지시하거나 명령하는 형식이다. 의문형·권유형보다는 지시형·명령형을

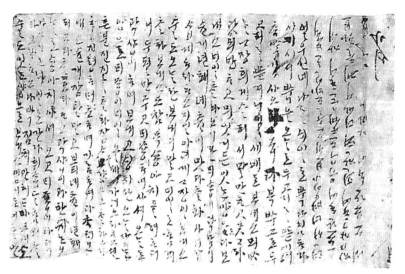
곽주의 한글 편지. 국립대구박물관 소장.

주로 쓰고 있다. 곽주는 상당히 가부장적인 남편이었음을 알 수 있다.

편지의 내용 역시 곽주가 함께 살거나 별거하고 있을 때 하씨에게 손님 접대나 집안 단속, 의복 수발, 음식 준비 등 각종 집안일을 해달라고 요구하거나 지시하는 내용이 대부분이다. 그래서 곽주의 편지를 보면 은연중에 하씨의 고단한 결혼생활을 엿보게 된다.

손님 접대 준비를
꼼꼼하게 지시하다

곽주는 평소 손님 접대를 매우 중시했다. '봉제사 접빈객'을 굳이 강조하지 않더라도, 시골에서 양반 신분을 유지하려면 글공부도 중요하지만 손님 접대를 잘하여 인심을 잃지 말아야 했기 때문이다.

먼저 그가 손님 접대에 얼마나 신경 썼는지부터 살펴보자. 그는 손님 상에 올라갈 음식이나 상차림뿐 아니라 집안사람들의 치장까지 꼼꼼하게 준비하도록 했다.

> 아주버님(부모 항렬의 남자)이 오늘 가실 길에 우리 집에 다녀가려 하시니, 진지도 옳게 잘 차리려니와 다담상(茶啖床: 다과 등을 차린 상)을 가장 좋게 차리게 하소. 내가 길에 다닐 때 가지고 다니는 발상(발이 달린 상으로 추정)을 놓아 잡수게 하소. 다담상에는 절육, 세실과, 모과, 정과, 홍시, 자잡채(잡채의 일종으로 추정), 수정과에는 석류를 띄워놓고, 곁상에는 율무죽과 녹두죽 두 가지를 쑤어 놓게 하소. 율무죽과 녹두죽을 놓는 소반에 꿀을 종지에 놓아서 함께 놓게 하소. 안주로는 처음에 꿩고기를 구워 드리고, 두 번째는 대구를 구워 드리고, 세 번째는 청어를 구워 드리게 하소.
> 아주버님이 자네를 보려고 가시니, 머리를 꾸미고 가리매를 쓰도록 하소. 맏이(곽이창)도 아주버님을 뵙게 하소. 여느 잡수실 것은 보아가며 차리게 하소. 잔대와 규화를 김참봉 댁이나 초계 댁에서 얻도록 하소. 가서(家書).

곽주가 하씨를 후처로 맞이한 지 얼마 되지 않았을 때 일가친척인 아주버님이 며느리를 보고 싶다면서 곽주의 집을 방문했던 듯하다. 이에 그는 집에 있는 하씨에게 미리 편지를 보내 준비 방법을 아주 상세히 일러준다.

곽주는 진지상과 함께 다담상도 잘 차리도록 지시하는데, 특히 다담상에는 갖가지 다과, 술, 죽, 꿀 등을 올리라고 한다. 또 안주로는 꿩고기, 대구, 청어를 차례대로 구워 올리도록 한다. 그와 함께 하씨의 치장에도 신경을 쓰는데, 머리를 잘 꾸미고 얼굴을 가리는 일명 '가리매'까지 쓰도록 한다. 그 밖에 전처 자식 곽이창도 나와서 아주버님을 뵙도록 지시하고 있다.

이렇게 곽주는 손님 접대에 무척 신경을 썼다. 이러한 꼼꼼한 지시 편지를 받고 하씨는 얼마나 숨이 막혔을까? 게다가 결혼 초기 모든 게 낯설고 어려웠을 하씨의 입장을 배려하는 마음은 전혀 느껴지지 않는다. 자기중심적이요 가부장적 남편의 모습이 보일 뿐이다.

어디 그뿐이랴. 하루는 곽주가 열세 명의 어른들을 모시고 집으로 갈 테니 음식과 청소 등 손님 맞을 준비를 잘해놓으라는 편지를 보낸다. 설상가상으로 그 많은 사람들이 집에서 하룻밤을 묵어간다고까지 했다.

> 남이(노비)가 소식을 가지고 오거늘 편히 계신 기별 알고 기뻐하네. 나는 오늘로 먼저 집에 가려 하였더니 손님네들이 "내일 함께 가자" 하고 잡고서 놓지 아니함에 못 갔으니, 내일 손님들 대접할 일을 소홀히 마소. 식기는 오늘 언종이를 시켜 한부에게 가서 받아가라 하였더니 받아갔던가. 손님이 열세 분이 가시니 알아서 음식상을 차리소. 장에서 살 것도 자네가 짐작하여 사서 씀 직한 것이 있거든 반찬은 살 만큼 사서 쓰게 하소. 어른 손님이니 소홀히 못하리. 알아서 하소.
>
> 아기(큰아들 곽이창)에게 일러서 마을의 소를 구하여 일곱 마리만

내일 오후에 나룻가로 내어 보내소. 나도 못 가고 있으니 자네 혼자서 어찌 할꼬 염려스럽네. 우리는 내일 저녁때에야 갈까 싶으이. 소홀히 마소. 이만.

작은 조씨(첩으로 추정됨)에게도 이르소. "편히 있으니 기뻐하노라. 손님 대접할 일을 너를 믿고 있노라"라고 이르소. 아버님 주무시던 방을 가장 깨끗하게 쓸어두고, 아기가 자는 방도 모두 쓸고 자리를 다 깔아두라 이르소. 아기 방 앞도 쓸라 이르소. 가서(家書).

이때도 하씨는 아직 분가하지 않고 곽주의 집에서 살고 있었던 듯하다. 그런데 곽주가 갑자기 편지를 보내 내일 열세 명의 어른들을 모시고 집으로 갈 테니 대강 알아서 음식을 준비하라고 이른다. 또 아기, 즉 큰아들 곽이창을 시켜 소 일곱 마리를 구해 나루터로 마중을 나오라고 했다. 그 어른들을 태워 나루터에서 집까지 모셔가기 위해서였다. 당시 시골에선 말과 함께 소도 중요한 교통수단이었음을 알 수 있다.

그러고 나서 곽주는 "편히 있으니 기뻐하노라. 손님 대접할 일을 너만 믿고 있노라"라는 말을 첩(소실)으로 추정되는 작은 조씨에게 전해달라고 한다. 아마도 하씨보다 첩이 먼저 곽주와 함께 살기 시작했고, 그만큼 집안일에 더 익숙했던 듯하다. 그 말을 들은 하씨의 마음이 과연 어떠했을지 짐작하고도 남을 것이다. 결혼 초기 곽주에게 하씨는 오히려 첩보다도 못한 집안의 식모이자 일꾼이었던 것이다.

끝으로 곽주는 아버지와 큰아들의 방을 깨끗이 청소해두라고 당부한다. 손님들이 워낙 많아 그곳에서도 잠을 자야 하기 때문이다.

철저한 집안 단속

곽주는 성격이 꼼꼼해 집안 단속에도 많은 신경을 썼다. 한 번은 곽주가 과거시험을 보러 서울로 올라가던 중이었다. 갑자기 무슨 생각이 들었는지 집에 있는 하씨에게 편지를 보내 집안 단속을 시켰다.

요사이 아버님 편치 아니하신데 어떠하신고. 걱정이 가이 없네. 자네가 병든 자식들 데리고 혼자서 근심하는 줄 잊지 못하네. 식구들 버리고 멀리 나오니, 아마도 과거시험이 사람을 그릇 만드는 것이로세. 정예(딸)는 적으나마 나아 있으며, 정양이(딸)는 학질이 나아 있는가? 한때도 잊히지 아니하여 눈에 암암하여 하네. 나는 어제서야 문경새재를 넘어왔으니 24일경 서울에 들어갈 것이로세. 과거시험 날을 연기하여 진사시는 10월 24일이고, 생원시는 10월 26일이라 하니, 노비들 속량할 일을 과거 보기 전에 미처 하면 30일경 서울에서 나가고, 속량할 일이 쉽지 아니하면 결국 11월 초쯤에 서울서 나갈 것이로세.

정예와 정열이(딸) 절대로 밖에 나가 사내아이들하고 한데서 못 놀게 하소. 내가 있을 때는 어떻게 하여도 무던하지만, 내가 없는데 밖에 나가 사내아이들하고 한데서 놀더라 하면 가장 그릇될 것이니, 절대로 밖에 못 나가게 하소. 집안 당직도 금춘이(노비)를 내어보내지 말고 늘 집에서 자게 하소. 내가 있었던 때는 어떻게 하여도 무던하지만, 내가 없을 때는 절대로 혼자 자지 마소. 조심조심하여 계시오. 앞 사립문을 늘 닫아 매어두고, 다니기는 스승의 문 앞으로 다니도록 하시오. 뒷간도 움 뒤에 만들어서 용변을 보고 절대로 밖의 뒷간에 나가 보지 마소. 정예와 정열이 절대로 나가 놀지 못하게 하소. 김 서방에게 내가 하는 말로 시켜, 아기가 가서 기별하여 "물레 만들어달라"고 했다가 정예가 성해지거든 무명 잣기를 가르쳐 잣게 하소.

화원(달성군 화원면)에 가서 소작인의 땅값(지대)을 받아다가 아기의 바지를 해주려 했더니, 내가 있을 때도 받지 못했으니 내가 없어서야 더욱 쉽지 않으려니와, 아기(곽이창)더러 일러서 청도 금동이(노비)가 행여 거기에 있거든 화원에 가서 내안에 사는 '덥퍼리'라 하는 사람을 찾아서 우리 논을 짓는 사람을 다 찾아내어 땅값을 받아보라 하소. 그래도 쉽지 않거든 던져놓아 두면 내가 내려가서 받을 것이니, 사세를 보아 쉽지 않거든 버려두라 하소. 석이(노비)더러 일러서 타작을 힘써보라 하고, 보리도 부디 힘써 아무튼 밭마다 다 갈게 하되 일찍 하라 이르소. 작년에도 보리를 못 갈아서 여름에 크게 고생했으니, 올해는 부디 힘써 일찍 갈라 하라 이르소.

아무쪼록 아이들 편히 데리고 계시오. 병든 아이들이 먹고 싶어 하는 것은 아무튼 조치하여 먹이소. 당직을 비우지 말고 절대로 혼자 있지 말고, 정예와 정열이를 한데서 떠나지 못하게 하여 데리고 계시오. 불도 조심하여 아이 혼자서 피우게 하지 마소. 다시금 조심하여 편히 계시오. 그지없어 이만. 9월 20일.

외딴 집에 비록 낮이라도 절대로 혼자 계시지 말고, 정예와 정열이를 곁에서 떠나지 못하게 하며 함께 데리고 계시오. 조심조심

250

하여 계시오.

곽주는 상당히 오랫동안 집을 비우게 되어서인지 병든 아버지와 혼자 있는 아내, 어린 딸들을 무척 걱정하고 있다. 그와 함께 철저한 집안 단속을 시키는데, 먼저 정예와 정양, 정열 등 어린 딸들이 밖에 나가 사내아이들과 어울려 놀지 못하게 하라고 무려 다섯 번이나 반복해서 주지시키고 있다. '남녀칠세부동석(男女七歲不同席)'도 문제이지만, 혹시라도 자기가 없을 때 무슨 일이 생기면 안 되기 때문이었다.

다음으로 하씨에게는 노비들로 하여금 집안에서 당직을 서도록 하고, 절대로 혼자 자지 말라고 당부한다. 심지어 낮에도 혼자 있지 말라고 한다. 앞 사립문은 닫아걸고 스승의 문 앞으로만 지나다니도록 하며, 뒷간도 집 안에 별도로 만들어서 절대로 집 밖에 나가지 말라고 당부한다. 하씨는 자신보다 열두 살가량 어렸고 집이 외딴 곳에 있었기 때문에 걱정이 더욱 클 수밖에 없었다.

이런 편지를 읽는 하씨의 심정은 과연 어떠했을까? 한편으론 남편이 자신을 걱정해주어 안심이 되기도 했겠지만, 다른 한편으론 지나친 간섭과 잔소리에 스트레스를 받지 않았을까?

아내는 왜 없애라는 편지를
무덤까지 갖고 갔을까?

곽주의 자기중심적이고 꼼꼼한 성격 탓에 하씨는 결혼 후 줄곧 고단한 인생을 살아야 했다. 무엇보다 그녀를 힘들게 한 것은 전처 자식과의 갈등과 곽주의 거듭된 득첩이었다. 먼저 전처 자식 곽이창과의 갈등부터 살펴보자.

편지에 적은 것은 자세히 보았거니와 이창이(전처 자식)가 서러워 한다고 해서 제각각 집에서 내보낼 수야 있을까. 자네에게 너무 많이 서럽게 하지 아니하면 3년은 아무튼 한집에서 살고 3년 후 에는 제각기 나가게 하고자 하니 자네가 짐작하여 기별하소.

친어버이와 친자식 사이에도 편치 않은 일이 혹 있거늘, 하물며 의붓어버이와 한집에 살며 어찌 일마다 다 좋게야 생각할꼬. 자 네에게 많이 서럽게 아니하거든 3년은 견디고, 많이 서럽게 하거 든 다시 기별하소. 저희가 서러워한다고 해서 제각기 나갈 수야 있을까.

다만 도나루터 아주버님의 편지에 자네가 저(이창이)를 박하게 대 접한다 하고 남이 말한다 할 새, 남의 말을 슬퍼하더니 자네 기별 한 말도 옳으니 나도 사정을 짐작하네. 그 밖의 여러 말은 다 내 탓인 듯하거니와 자네는 어느 경황에 먼 발 굴러 말하여 계신고. 자네 먼 발 굴러 말을 아니한들 이제 와서 자네의 가슴 태울 일을 내가 할 리야 있을까. 그것일랑 생각도 말고 자네 몸에 병이나 삼 가 장수하며 사소. 내 마음으로 할 제 자네의 가슴 태울 일을 저 지를까 의심하지 말고 먼 발 구르지 마소. 나 살고 자네 장수하면 다른 일은 의심하지 마소.

하루는 전처 자식 곽이창이 계모가 자기를 구박한다고 서러워하면서 따로 나가 살고 싶다고 말했던 듯하다. 이에 하씨도 애태워하며 출타 중인 곽주에게 편지를 보내 차라리 곽이창을 분가시켰으면 좋겠다고 한다. 하지만 곽주는 "의붓어버이와 한집에 살며 어찌 일마다 다 좋게야 생각할꼬"라고 하면서 최소한 3년은 한집에서 살도록 한다. 그러면서 도나루터의 아주버님이 하씨가 전처 자식을 박대한다는 소문을 들었다고 하면서 간접적으로 아내를 나무라기까지 한다. 부모와 자식 사이에 갈등이 있을 때 부부 사이를 가장 우선시해야 하는데, 그는 아내보다는 자식의 편을 들어주었던 것이다. 뿐만 아니라 하씨의 원망에 대해 "자네의 가슴 태울 일을 내가 할 리야 있을까", "자네 몸에 병이나 삼가 장수하며 사소"라고 하면서 비꼬는 듯한 어투로 변명하기도 한다. 남편에 대한 하씨의 서운함은 날이 갈수록 더욱 커져갔다.

하씨의 마음고생은 여기서 끝나지 않았다. 곽주는 앞에서 나온 '작은 조씨'라는 첩에 이어 '각시님'이란 새로운 첩을 얻어 하씨를 더욱 힘들게 했다.

요사이 일은 어떻게 못할 것이로세. 다만 내 일만 조심할 것이니 다른 사람의 일이야 설마 어찌할꼬. 아무 일이 아무렇다고 해도 나를 믿고 조심만 하소. 온 가지 일을 다 숙진어미(첩의 이름으로 추정됨)에게 일러 하라 하시니, 대원(아들)의 바지에 솜도 김치 담근 후에 각시님(첩으로 추정됨)께 여쭈어 사람을 구하여 하게 하소. 물(염색) 들일 일로 하여 일이 요란하여 있으니 이제는 조그마한 일이라도 다 각시님께 기별하여 하게 하소. 옷 안감도 오거든 즉시

물 들여달라 하고 각시님께 기별하소.

성대(옹기장수)에게 독 값을 주라 하시더니 주셨는가. 주지 않았거든 즉시 주소. 고리도 빌려 쓰라 하시니 빌려 쓰게 하소. 여기에 적은 것 보고는 즉시 없애소. 불에 붙여 태워버리소. 설마 어쩔꼬. 조심조심할 뿐이로세. 내가 첩을 얻었다고 정이야 달라질까. 의심 마오. 조심만 하소.

곽주가 '각시님'이라는 첩을 새로 얻으면서 집안에 분란이 일어났던 듯하다. 특히 "물(염색) 들일 일로 하여 일이 요란하여 있으니"라는 구절로 미루어, 아마 염색 일로 하씨와 각시님이 다툼을 벌여 남의 구설수에 오른 듯하다. 화가 난 하씨가 앞으론 집안일을 모두 숙진어미, 즉 먼저 들어온 첩인 작은 조씨에게 맡기겠다고 하자, 곽주도 덩달아 화를 내며 차라리 새로 들인 첩인 각시님께 모두 맡기라고 한다. 게다가 그는 새로 들인 첩에게 '각시님'이라고 존칭어까지 써가며 깍듯이 대한다.

그러고 나서 곽주는 남들이 알까 두려웠는지 편지를 보는 즉시 불에 태우라고 지시한다. 또 새로 첩을 들였다고 해서 부부간의 정이 달라지지는 않을 것이니 걱정 말라고도 한다. 그런데 하씨는 곽주의 지시에 따르지 않고 편지를 고이 보관했다가 무덤까지 가지고 갔다. 도대체 그녀는 왜 편지를 무덤까지 갖고 간 것일까?

아내를 배려하지 않는
일방적인 요구

결국 하씨는 자기 자식들을 데리고 분가하여 논공이라는 마을에서 별거한다. 하지만 곽주는 서로 떨어져 살면서도 자신에게 필요한 옷가지들을 하씨에게 마련해서 보내라고 했다.

요사이 아이들 데리고 어찌 계신가. 기별을 몰라서 걱정하네. 나는 부득이한 일로 내일 청송에 가서 다음 달 10일쯤에야 올 것이로세. 명주 중치막하고 버선하고 베개에 여물을 넣어 베갯잇을 시쳐 보내소. 내일로 일찍 나가니 부디 오늘로 보내소. 자네 행차는 내 다녀온 후에야 할 것이로세.

아주버님이 나를 보고 싶다고 하셔서 일부러 사람이 와 있음에 가니 거기에 가서 아주버님 병환이 빨리 나으면 빨리 오고 빨리 낫지 아니하면 아무 때 올 줄을 알지 못할 것일세. 자네 양식은 오늘 이 사람 시켜 보내려 했는데 너무 바빠 가므로 못 보내니, 내가 간 후에 아버님이 연이어 보내려 하시네. 즉일.

아무쪼록 아이들 데리고 몸이나 편히 계시오. 장모님께는 바빠서 편지도 못 적네. 이런 까닭을 아뢰어주시오. 정예(딸)에게 밖에 나가 함부로 행동하지 말고 착하게 있으라 이르소. 정양이(딸) 배 곯리지 마소. 양식은 연하여 보내려 하네.

소례댁(아내 하씨의 집). 누비옷과 누비바지를 빨았거든 보내고 아니 빨았거든 보내지 마소. 가서(家書).

버선은 여기서 기워주시니 버선은 보내지 마소. 낡은 버선 하나 가네. 즉일.

곽주가 병이 난 아주버님을 문병하러 가려 하는데, 필요한 의복을 하씨에게 마련해서 보내라고 한다. 내일 아침 일찍 나가야 하니 중치막과 버선, 베개 등을 오늘 당장 준비해서 보내라고 지시하고 있다. 앞에서 나신걸이 멀리 함경도로 전근을 가면서 아내에게 의복과 길양식을 보내달라고 간절히 부탁하는 것과는 사뭇 대조적이다. 곽주는 여전히 아내의 곤란한 입장 따위는 안중에도 없다. 그나마 마지막 추신 부분에서 버선은 여기서 첩이 기워주시니 보내지 말라고 한다.

그 대신 곽주는 별거하면서도 식구들의 양식은 계속 대주고 딸들의 행동이나 건강도 염려하는 등 가장으로서의 책임감은 잊지 않고 있다. 하씨가 친정어머니를 모시고 있는 점도 주목된다.

곽주는 또한 별거하면서도 손님 접대 같은 큰 행사가 있을 때면 하씨에게 편지를 보내 음식을 준비해서 보내도록 했다.

어르신네께서 나에게 내일 쑥 달임하라 시키니, 쑥을 오늘 두 고리를 뜯게 하되 참쑥은 억세니 다북쑥으로 두 고리를 뜯게 해서 내일 새벽에 보내소. 쌀은 매우 희게 다시 찧어 세 말만 하고, 팥도 갈아서 닷 되만 하고, 해삼도 있거든 있는 대로 다 보내소. 내일 차려 오는 것은 매종이, 덕남이, 순개, 연회, 예춘이가 맡아 차려 와서 손님들이 잡수시게 하라 하소. 내일 아침 일찍 보내소. 술도 오늘은 보내지 말고 내일 함께 차려 보내소.

도참복이 송아지를 팔려 하니 송아지 값으로 포목 두 필만 주고 매종이로 하여금 사서 오늘 곽상이로 하여금 보내고, 생꿩은 오늘 잡는 대로 매종이가 내일 올 때 가져오라 하소. 서른 분 진지를 차려서 잡수실 양으로 차려오라 하소. 간장과 식초와 기름을 다 차려 보내소. 순개는 잡탈 부리지 말고 부디 예춘이와 연화를 데리고 와서 음식을 차리라 하소. 곽상이와 한수는 오늘 송아지 사서 오고 매종이와 덕남이는 내일 계집종들과 함께 차려오라 하소. 나박김치도 많이 담가 보내소. 술도 있는 대로 보내소. 없거든 빌릴망정 서너 병이나 보내소. 술도 내일 보내소. 요란하여 편지도 자세히 못하니 자네 짐작하여 남에게 핀잔받지 않게 차려 보내소. 요란하여 이만.

내일 서른 명의 동네 어르신을 집에 모셔와 음식을 대접할 예정이니, 노비들과 함께 급히 음식을 준비해서 보내라고 하씨에게 지시한다. 선행 연구에서는 혼인잔치를 치르기 위한 것 같다고 했지만, 내용상 단체 손님을 접대하는 것으로 보아야 할 듯하다.

여기에서도 곽주는 손님들 상에 올라갈 떡이나 술, 안주 등을 매우 세심하게 지시하고 있다. 의외로 많은 남성들이 요리에 대해서도 잘 알고 있었다. 먼저 그는 쑥 달임을 하되 참쑥은 억세니 다북쑥으로 하고, 쌀과 팥, 해삼도 함께 보내라고 말한다. 또 생꿩을 오늘 잡아서 보내고, 간장과 식초, 기름도 차려서 보내라고 한다. 뿐만 아니라 나박김치도 많이 담아서 보내고 술도 있는 대로 보내라고 요구한다. 심지어 곽주는 음식을 가져와 상을 차릴 노비들까지 정해준다. 마지막으로 그는 "자네 짐작하여 남에게 핀잔받지 않게 차려 보내소"라고 하면서 자신의 체면이 깎이지 않도록 알아서 잘하라고 지시한다. 갑작스러운 연락에다 궁핍한 시골 살림에 그 많은 음식을 준비해서 보내느라 고생했을 하씨의 고단한 인생사가 그대로 느껴진다.

아내의 마음고생

이와 같이 곽주는 집안 살림을 세심하게 챙기고 자식들 건강이나 교육에도 신경 쓰는 등 가장으로서의 책임감은 강한 편이었다. 하지만 자기중심적이고 꼼꼼한 성격 탓에 번번이 아내 하씨를 힘들게 했다. 게다가 곽주는 하씨와 나이 차이가 열 살 넘게 나서인지 제대로 부인 대접을 하지 않고 집안일을 자주 첩들에게 맡기기도 했다. 나아가 전처 자식과의 갈등, 곽주의 거듭된 득첩으로 마음고생이 심했다. 결국 그녀는 분가하여 남편과 별거하게 되는데, 그럼에도 곽주는 하씨에게 편지를 보내 의복 수발이나 음식 준비, 손님 접대 같은 갖가지 일을 시키곤 했다.

하루는 하씨가 곽주의 편지에 짤막한 답장을 써서 보내는데, 그녀가 지금까지 곽주와 살면서 느낀 심정이 잘 나타나 있다.

뜻밖에 돌이(노비)가 오거늘 아버님을 모시고 편안하시다는 편지를 보고 기뻐합니다. 나는 여기에 온 후로도 편할 날이 없습니다. 가슴은 무던하되 기운 편한 적은 없습니다. 자식들은 다 잘 있습니다. 보성 행차는 아직은 종매(사촌뻘의 여동생) 아니 왔으니 만약

오면 기별하겠습니다. 여기에 보내신 것은 잘 받았습니다. 말씀
은 끝이 없사오되 너무 바빠 하니 대강만 적습니다. 열하룻날 외
예에서.

그녀는 논공에서 따로 별거하고 있으면서도 하루도 마음 편한 날이
없었다고 한다. 가슴은 무던해졌지만 기운은 편한 적이 없었다는 것이
다. 그녀가 곽주의 편지를 무덤까지 가져간 것은 고단한 인생사를 후대
사람들에게라도 들려주고 싶었기 때문일까?

소통, 관계의 기술

인간은 혼자서 살아갈 수 없다. 우리는 태어나서 죽을 때까지 끊임없이 남과 소통하며 살아가야 한다. 세상에서 소통을 하지 않고 사는 사람은 거의 없다. 심지어 말하지 못하는 갓난아기와 엄마 사이에서도 소통은 이루어진다. 엄마가 웃으면 아기도 따라 웃고, 아기가 어딘가 불편해서 울면 엄마는 그 소리를 구별해 곧바로 해결해준다. 인간에게 소통은 가장 기본적이고 필수적인 것이다. 마치 물과 공기처럼 우리가 살아가는 데에 없어서는 안 되는 것이다.

특히 소통은 나와 남을 연결해주는 인간관계의 필수적인 기술이다. 원활한 소통은 서로를 잘 이해하게 해주어 관계가 원만해지고, 삶의 기쁨과 행복을 느끼게 해주며, 미래에 대한 희망을 갖게 한다. 반면에 불통하게 되면 갈등이 심화되어 다툼이 일어나게 되고, 결국 파멸을 맞게 된다.

현대인은 문자나 SNS, 이메일 등 소통 수단의 발달로 누구나 쉽고 빠르게 소통할 수 있다. 하지만 날이 갈수록 오히려 소통의 부재를 겪고 있다. 문자나 SNS 같은 현대인의 소통 방식은 별다른 고민 없이 짤막한 단어들을 끊임없이 주고받는 대단히 즉각적이고 단편적인 소통이기 때문이다.

반면에 옛사람들은 주로 편지를 통해 소통했는데, 그들은 오랫동안 생각한 내용을 최대한 자세히 적어 보냄으로써 상대방에게 충분히 느끼고 생각하도록 해주었다. 즉 현대에 비해 느리지만 깊이 있는 소통이 이루어졌던 것이다.

또한 옛사람들의 편지에는 당시의 생활상과 개개인의 솔직한 감정이 잘 드러나 있다. 특히 가족끼리 주고받은 편지에서는 아버지와 어머니, 남편과 아내로서의 인간상과 소통 방식이 잘 나타나 있다.

지금까지 왕, 왕비, 장수, 유학자, 양반 부부, 실학자 등 총 열두 명의 한문 편지와 한글 편지를 통해 옛사람들의 인간적 면모와 소통법에 대해 자세히 살펴보았다. 마지막으로 옛사람들의 소통 비결을 종합적으로 정리해보도록 하자.

첫째, 옛사람들은 기본적으로 상대방을 인정하고 존중했다. 대표적으로 나신걸은 아내에게 경어체를 사용하고, 편지를 끝맺을 때는 "아내에게 올립니다"라고 했다. 심지어 인선왕후나 연암 박지원은 자식들을 마치 친구처럼 대하며 소통했다. 따지고 보면 조선시대 남성들이 한글로 편지를 쓴 것은 어머니나 아내, 딸 등 여성들을 존중하는 마음에서였다.

그에 비해 불통한 사람들은 상대방을 배려하거나 존중하지 않고 일방적으로 자기주장만 내세웠다. 예컨대 17세기 시골 양반 곽주는 집안 살림을 세심하게 챙기고 자식들의 건강이나 교육에 신경 쓰는 등 가장으로서 최선을 다하는 모습을 보여주지만, 아내 하씨의 입장을 배려하지 않고 일방적으로 요구하는 모습이다. 자기중심적으로 생각하고 행동하는 남편 때문에 아내는 매우 힘들어했다. 마찬가지로 다산 정약용도 몰락한 집안의 입장에서 자신의 학문을 계승하거나 무너진 가문을 회복하기 위해 자식들에게 더욱 엄격한 삶을 살도록 강요했다.

둘째, 옛사람들은 자신의 감정을 솔직히 표현했다. 현대인은 지나치게 남을 의식하여 자신의 마음을 솔직하게 표현하지 못한다. 반면에 옛사람들은 지위고하에 관계없이 남을 별로 의식하지 않고 자신의 감정을 솔직히 표현했다. 예컨대 정조는 왕으로서의 권위의식을 버리고 자신의 마음을 솔직히 표현하며 신하들과 친밀한 관계를 유지했다. 또 인선왕후는 적막한 궁궐생활 속에서 딸들에게 보고 싶고 그리워하는 마음을 서슴없이 표현했다. 16세기 양반가 여성이었던 신천강씨도 남편과 부부싸움을 하면서 느낀 생각이나 감정을 딸에게 숨김없이 들려주었다.

셋째, 옛사람들은 소통할 때 아주 자세하고 구체적으로 얘기했다. 그래야만 오해가 없고, 일하기도 쉽기 때문이다. 특히 편지를 주고받는 데 시간이 오래 걸리기 때문에 내용을 최대한 자세히 쓰려고 노력했다. 예를 들어 나신걸의 경우 갑작스레 함경도 경성으로 전근을 가면서 아내에게 논밭의 씨앗은 얼마씩 뿌리는지, 노비들 개개인의 성격은 어떠한지 자세히 일러주었다. 아내가 혼자서도 집안일을 잘 처리할 수 있도록 하기 위해서였다. 또한 퇴계 이황과 다산 정약용은 자식들에게 공부와 몸가짐, 집안일 등을 아주 꼼꼼하고 세심하게 가르쳤다. 그래서인지 이들의 편지는 대체로 길고, 내용도 엄격하고 깐깐한 편이다.

넷째, 나아가 옛사람들은 부드러운 소통법을 구사했다. 특히 소통 능력이 뛰어난 이들은 지시형이나 명령형보다는 권유형이나 부탁형을 주로 구사했다. 예컨대 강정일당은 제안이나 의논, 칭찬, 격려, 부탁 등 다양한 소통법으로 남편 윤광연의 멘토 역할을 했다. 일방적인 지시나 명령과 달리 상대방의 기분을 상하게 하지 않으면서도 뭔가를 하도록 유도할 수 있기 때문이다. 연암 박지원 역시 자식일지라도 상대방을 존중하는 마음에서 권유형이나 부탁형 같은 부드러운 소통법을 구사하며 다정하고 따뜻한 아버지상의 전형을 보여주었다.

뿐만 아니라 뛰어난 소통가들은 유머까지 겸비하고 있었다. 유머는 단지 남을 웃기는 것이 아니라 여유를 갖게 함으로써 친밀감을 더욱 높여주는 효과가 있다. 예컨대 정조는 '껄껄' 같은 유머러스한 표현과 함께 갖가지 속담이나 비속어를 거침없이 사용하며 적대적 관계에 있는 신하의 마음을 사로잡았다. 연암 박지원도 "웃을 일이다, 웃을 일이야!", "어쩌겠니, 어쩌겠어!" 같은 유머러스한 표현을 통해 자식들에게 다정하고 따뜻한 아버지가 되어주었다.

다섯째, 소통의 측면에서 바라보면 위인의 모습도 달라질 수 있다는 점이다. 지금까지 우리는 역사 속 위인들을 우리가 보고 싶은 부분만 바라보면서 우상화·신격화하기에 급급했다. 하지만 세상에 완전무결한 사람은 없다. 앞으로는 위인들을 좀 더 균형 있는 시각으로 바라볼 필요가 있다. 실제로 퇴계 이황의 경우 최소한 편지 속에서는 일반적인 양반의 모습 그 자체였다. 다른 양반들처럼 첩과 서자를 두었고, 자식들이 열심히 공부해서 과거시험에 합격하기를 바라는 극성스러운 부모였으며, 갖가지 집안살림을 꼼꼼하게 처리하는 이른바 '살림의 달인'이었다.

다산 정약용도 유배시절 첩과 서녀를 두었다가 해배되어 돌아갈 때 매정하게 버렸다. 젊은 시절엔 서학에 빠지고 조선 후기 실학을 집대성했다고 하지만 실천적 측면이 아닌 이념적·학문적으로만 공부했던 것이다. 다산도 다른 양반들처럼 여전히 신분의식과 가문의식에 갇혀 있었다.

반면에 이순신은 문무를 겸비한 뛰어난 장수였을 뿐 아니라 글 솜씨도 훌륭한 명문장가였다. 특히 그는 무인의 이미지와 달리 문학적 표현을 잘 구사하는 감성적 소통의 대가였다. 연암 박지원도 엄격하고 단정한 외모와 달리 한없이 따뜻하고 다정한 아버지였다. 심지어 그는 부녀자들도 하기 어려운 고추장이나 장조림, 포 같은 반찬을 직접 만들어 자식들에게 보내줄 정도로 요리 솜씨도 뛰어났다. 그 밖에 여성 성리학자 강정일당은 잘 알려지지 않은 인물이지만 조선시대 최고의 소통가였다. 그녀는 상대방을 배려하고 존중하는 다양한 소통법을 구사하여 남편 윤광연이 상당한 명성을 갖춘 선생이자 학자로 성장하는 데 일조했다.

참고자료

01. 편지정치의 달인, 정조

김문식, 「18세기 국왕의 소통 방식」, 『한국실학연구』 28, 한국실학학회, 2014.

김백철, 「영조의 순문과 위민정치」, 『국학연구』 21집, 한국국학진흥원, 2012.

이나미, 「조선시대 정치커뮤니케이션에 관한 시론」, 『정치와 평론』, 한국정치평론학
　　회, 2015.

한영우선생정년기념논총간행회, 『한국사인물열전』 2, 돌베개, 2003.

박철상 외, 『정조의 비밀어찰, 정조가 그의 시대를 말하다』, 푸른역사, 2011.

안대회, 『정조의 비밀 편지』, 문학동네, 2010.

『정조어찰첩』, 성균관대학교 출판부, 2009.

『정조임금편지』, 국립중앙박물관, 2009.

『(국립한글박물관) 소장자료총서』 1, 국립한글박물관, 2014.

『정조대왕. 화성관련자료 전시도록』, 사운연구소, 2000.

02. 이 부부의 평등한 소통법, 군관 나신걸

「편지로 전해진 500년의 사랑」, 행정안전부 보도자료, 2012년 5월 21일자.

류정월, 『선비의 아내』, 역사의아침, 2014.

정창권, 『조선의 부부에게 사랑법을 묻다』, 푸른역사, 2015.

03. 남편을 변화시킨 쪽지편지, 강정일당

이영춘, 『강정일당』, 가람기획, 2002.

정창권, 『조선의 부부에게 사랑법을 묻다』, 푸른역사, 2015.

『조선시대 풍속화』, 국립중앙박물관, 2002.

04. 영혼을 매료시킨 감성적 소통의 대가, 이순신

이상훈 외, 『충무공 이순신』, 대한출판문화협회, 1998.

이은상 역주, 『난중일기』, 대학서림, 1977.

이은상 옮김, 『이충무공전서』 상·하, 성문각, 1989.

이인섭 편역, 『이순신 한묵첩』, 이화문화출판사, 2000.

백승종, 『조선의 아버지들』, 사우, 2016.

05. 살림하는 남자, 퇴계 이황

권오봉, 『예던길』, 우신출판사, 1988.

이수건, 『영남학파의 형성과 전개』, 일조각, 1995.

김건태, 「이황의 가산경영과 치산이재」, 『퇴계학보』 130집, 퇴계학연구원, 2011.

이상하, 『퇴계 생각』, 글항아리, 2013.

이장우, 「가서를 통해 본 퇴계의 가족관계 및 인간적인 면모」, 『퇴계학논집』 11호, 영
　　남퇴계학연구원, 2012.

이황 지음, 이장우·전일주 옮김, 『퇴계이황 아들에게 편지를 쓰다』, 연암서가,
　　2008.

이황 지음, 정석태 옮김, 『안도에게 보낸다』, 들녘, 2005.

이장우, 「퇴계 부자와 과거시험」, 『대동한문학』 38집, 대동한문학회, 2013.

정창권, 『조선의 부부에게 사랑법을 묻다』, 푸른역사, 2015.

『조선시대 풍속화』, 국립중앙박물관, 2002.

06. 존경받는 아버지, 연암 박지원

기획출판부 엮음, 『연암 박지원』, 거송미디어, 2004.

박지원 지음, 홍기문 옮김, 『나는 껄껄 선생이라오』, 보리, 2004.

박종채 지음, 박희병 옮김, 『나의 아버지 박지원』, 돌베개, 1998.

박지원 지음, 박희병 옮김, 『고추장 작은 단지를 보내니』, 돌베개, 2005.

정창권, 『조선의 부부에게 사랑법을 묻다』, 푸른역사, 2015.

김혈조, 「연암 편지의 세 가지 층위에 대하여」, 『대동한문학』36집, 대동한문학회, 2012.

『실학박물관 도록』, 실학박물관, 2010.

07. 배려하되 단호하게, 명성황후

한영우선생정년기념논총간행회, 『한국사인물열전』 3, 돌베개, 2003.

신명호, 『조선왕비실록』, 역사의아침, 2007.

황현 지음, 임형택 외 옮김, 『매천야록』상, 문학과지성사, 2005.

정창권 외, 『유물로 보는 한글의 역사』, 북코리아, 2016.

이기대, 「명성황후 국문편지의 문헌학적 연구」, 『한국학연구』20, 고려대 한국학연구소, 2004(상반기).

이기대, 『명성황후 편지글』, 다운샘, 2007.

양진조, 『명성황후 한글 편지와 조선왕실의 시전지』, 국립고궁박물관, 2010.

08. 엄격하고 깐깐한 아버지, 다산 정약용

정약용 지음, 박석무 편역, 『유배지에서 보낸 편지』, 창작과비평사, 1991.

김상홍, 『아버지 다산』, 글항아리, 2010.

홍동현, 「다산 정약용의 강진 유배생활과 하피첩」, 『다산과 현대』9, 연세대학교 강진 다산실학연구원, 2016.

임형택, 「신자료 남당사에 대하여」, 『민족문학사연구』20, 민족문학사연구소, 2002.

백승종, 『조선의 아버지들』, 사우, 2016.

김세리, 「다산가의 가족소통 연구」, 성균관대학교 박사학위 논문, 2016.

탁현숙, 「다산 정약용의 서간 연구」, 조선대학교 박사학위 논문, 2011.

배한철, 『얼굴, 사람과 역사를 기록하다』, 생각정거장, 2016.

『다산 정약용』, 국립중앙박물관, 2012.

『실학박물관 도록』, 실학박물관, 2010.

『하피첩』, 국립민속박물관, 2016.

09. 딸바보, 선조

김일근, 『언간의 연구』, 건국대학교 출판부, 1986.

한영우선생정년기념논총간행회, 『한국사인물열전』 2, 돌베개, 2003.

정주리 · 시정곤, 『조선언문실록』, 고즈윈, 2011.

지두환, 『선조대왕과 친인척』, 역사문화, 2002.

10. 외롭고 쓸쓸한 왕비, 인선왕후

김일근, 『언간의 연구』, 건국대학교 출판부, 1986.

『조선 왕실의 한글 편지, 숙명신한첩』, 국립청주박물관, 2011.

홍인숙, 「조선시대 한글 간찰의 여성주의적 가치에 대한 재고찰 시론」, 『이화어문논
집』 33, 이화어문학회, 2014.

11. 노부부의 사랑과 전쟁, 신천강씨

정해은, 『조선의 여성, 역사가 다시 말하다』, 너머북스, 2011.

최윤희, 「16세기 한글 편지에 나타난 여성의 자의식」, 『여성문학연구』 8, 한국여성문
학학회, 2002.

조항범, 『순천김씨묘출토간찰』, 태학사, 1998.

12. 불통의 고통, 곽주

백두현, 『현풍곽씨언간주해』, 태학사, 2005.

『4백 년 전 편지로 보는 일상: 곽주 부부와 가족 이야기』, 국립대구박물관, 2011.